Peter Schulthess

Herr Pfarrer, beten Sie richtig!

Geschichten aus dem Pfarralltag

Als Dank
an die Kirchgemeinde Pfäffikon und die evangelisch-
reformierte Landeskirche des Kantons Zürich für den erlebnisreichen und erfüllenden Arbeitsplatz
an die Bevölkerung von Pfäffikon und Umgebung für das mir
entgegengebrachte grosse Vertrauen

Impressum

2. Auflage 2018
© 2017 Blaukreuz-Verlag Bern

Illustrationen: Nora Pfund, Lenzburg
Satz: diaphan gestaltung, Liebefeld
Druck: CPI – Ebner & Spiegel, Ulm

ISBN: 978-3-85580-521-1

Inhalt

Vorwort
Ruedi Josuran

Es war im August 2011. Ich war auf dem Weg zu einer Sitzung des «Fenster zum Sonntag» bei ERF Medien. Normalerweise ging ich den Weg zu Fuss. Aber es regnete extrem stark. So nahm ich den Bus. Nach etwa zwei Minuten fuhren wir über den Bahnübergang. Da sah ich einen Mann und eine Frau heftig streiten, sie schubsten sich und zerrten aneinander. Der Bus fuhr nur ein paar Meter weiter. Um 12.02 Uhr hörte ich plötzlich zwei, drei Schüsse. Ich drehte mich um und sah die Frau am Boden liegen. Ich sah aus dem Bus, wie der Killer seine Frau erschoss! Dann wieder drei Schüsse. Shani S. streckte auch die Leiterin des Sozialamts nieder. Die Ambulanz traf ein.

Wie ferngesteuert, lief ich eine Stunde im Kreis herum. Ein kurzer Moment, der vieles in meinem Leben auf den Kopf gestellt hat. Die Normalität war weg.

Stunden später stand er vor mir. Inmitten einer Menge von Polizisten, Ärzten, Medienleuten, Behördenmitgliedern. Peter Schulthess. Pfarrer, Notfallseelsorger. Ich werde seine Umarmung nie mehr vergessen. Seinen Blick, seine beruhigende aber klare Stimme. Er war da – ohne sich aufzudrängen. Schwieg immer wieder auch, anstatt mit einem aufgesetzt fröhlichen Gespräch die traurige Situation überspielen zu wollen. Alles durfte sein. Ohne Bewertung. Es war nichts Falsches an mir. Ich konnte nicht fühlen, nicht weinen, es war kein Schmerz da, nur Leere. Und – Gott sei Dank – Peter. Mit seiner ganzen Erfahrung, aber ohne einfach routiniert ein Programm abzuspulen. An diesem Tag war er für mich ein Engel. Spätestens jetzt würde er mir widersprechen. Er, der mich auch später in einer Sendung mit seinen ausserordentlichen Engels-Erfahrungen bereichert und meinen Horizont weit gemacht hat.

Das und noch viel mehr ist Peter Schulthess. In seinem Buch lässt er uns hinter die Kulissen blicken. Schreibt über Schlaflosigkeit und Angstzustände, über dunkle Momente, über eigene Krisenerfahrungen, aus denen er nur schwer herausfindet – und welche ihn fast verzweifeln lassen. Über offene Fragen und Enttäuschungen im Glauben.

Seine Geschichten und Erfahrungen sind aber vor allem Einladungen, sich Gott anzuvertrauen. Diesem persönlichen «Du», der mir Hoffnung und Zuversicht schenkt, der mich liebt. In Peters Gedankengängen spüre ich, dass es um lebendige Beziehung geht. Nicht einfach um theologische Konstrukte. Ich muss immer wieder beim Lesen eine Träne unterdrücken und kann dann wieder schmunzeln oder lachen. Peter Schulthess ist für mich ein Original. Er braucht kein «Personal Branding», weil er authentisch ist. Weil er zu denen gehört, die Spuren hinterlassen haben und er dies sicher weiterhin noch tun wird.

Einführung

In der Passionszeit 2017, genauer gesagt am 12. April 2017, geschah dies: Ich hatte in einer Altersinstitution eine Besinnungsstunde zu halten. Wie immer lieferte ich der Pianistin mein Programm im Voraus ab, damit sie über die Lieder informiert war. Hinter die Nummer des Liedes schrieb ich jeweils den Liedanfang. Als ich kam, eilte sie mit dem Programmblatt lachend auf mich zu und sagte: «Hast du auch gesehen, was du geschrieben hast?» Sie zeigte auf das dritte Lied. Da stand doch tatsächlich: «Jesu, Deine Pension»! War das ein Gaudi. Richtig müsste es nämlich heissen: «Jesu, Deine Passion will ich jetzt bedenken». Dieses Lied singt die Gemeinde in der Zeit vor Ostern, in der über das Leiden von Jesus nachgedacht wird. Diese Wochen nennt man Passionszeit. Sie geht mit dem Karfreitag, dem Todestag von Jesus zu Ende.

Zwar beschäftigte mich in jenen Tagen die Passion Christi, das Leiden von Jesus. Sein Leidensweg bedeutet mir viel. Offensichtlich aber befasste sich mein Unterbewusstes ebenso stark mit meiner Pensionierung und dem damit verbundenen Abschied von der Kirchgemeinde, der im Herbst 2017 bevorsteht. Geht ein Lebensabschnitt zu Ende, schaut man zurück, man wirft so quasi einen Blick in den Rückspiegel. Das soll auf den nächsten Seiten geschehen.

Dass ich den Rückblick in Buchform gestalte, hat damit zu tun, dass sich Leserinnen und Leser meiner bisherigen Publikationen regelmässig danach erkundigten, ob ich nochmals etwas schreiben werde. Auch nach Vorträgen und Gottesdiensten wurde ich darauf angesprochen. Eine Person bearbeitete mich deswegen besonders hartnäckig. Sie schrieb in einem Mail «Hinter die Kulissen eines Pfarrers blicken – so ein Buch habe ich tatsächlich noch nicht gefunden. Wie geht es dem Pfarrer in seinem Innern? Er hört den Leuten zu, hilft wo er kann – wo bleibt er? Was fühlt er bei einer nicht einfachen Situation, bei einer Beerdigung zum Beispiel, oder gab es auch lustige Erlebnisse mit Hochzeiten? Und er selber, was bewegte ihn manchmal?»

Wenn Sie solches auch interessiert, finden Sie auf den nächsten Seiten Antworten dazu.

Berichtet man als Pfarrer aus seinem Berufsalltag, ergibt sich eine besondere Herausforderung: die gesetzliche Schweigepflicht, auch Seelsorgegeheimnis genannt. Dieses bedeutet, dass einer Pfarrperson persönlich Anvertrautes nicht an die Öffentlichkeit gelangen darf. Deshalb kann vieles nicht erzählt werden. Ich schätze in meiner Arbeit dieses Berufsgeheimnis sehr, ist es doch die Basis dafür, dass manche Menschen das Gespräch suchen und einem sehr Persönliches und Intimes anvertrauen. Um Personen zu schützen, sind alle Namen abgeändert und wo es allenfalls ins Persönliche geht und nicht in der Öffentlichkeit von vielen miterlebt wurde, habe ich die Situationen verfremdet. Aus diesem Grund finden sich auch nur vereinzelt Erlebnisse aus dem Bereich von Religionsstunden und Konfirmandenunterricht. Ich erachte Konfirmanden- und Schulzimmer als Schutzräume.

Noch einige Worte zum Aufbau des Buches. In Kapitel eins erzähle ich in groben Zügen, wie es dazu kam, dass ich Pfarrer wurde. Am Ende des Kapitels finden sich einige Fakten und Zahlen zu den Arbeitsbereichen im Pfarramt. Im darauffolgenden Kapitel berichte ich von den Anfängen in der Kirchgemeinde Pfäffikon. Eine Besonderheit des Pfarrberufes bei einer 100 %-Anstellung ist die Wohnsitzpflicht im Pfarrhaus. Von Erfahrungen an der Pfarrhaustür handelt das dritte Kapitel.

In Kapitel vier bis sechs schildere ich Erlebnisse aus den Bereichen Gottesdienst, Verkündigung und Seelsorge. In den nächsten zwei Kapiteln erzähle ich von einer persönlich erlebten Krise und wie sich diese auf meinen Beruf ausgewirkt hat. In Kapitel neun bis elf folgen Einblicke in die Bereiche Notfallseelsorge und Haussegnungen als besonderer Dienst der Seelsorge. Kapitel zwölf und dreizehn befassen sich mit dem Lebensende, also mit Sterbebegleitung, Bestattungen auf dem Friedhof und Abdankungsfeiern. Im letzten Kapitel tauchen wir in die licht- und glanzvolle Welt von Hochzeiten ein.

Kapitel 1

Von der Kasse auf die Kanzel

«Herr Pfarrer, wann stehen Sie morgens eigentlich auf?»

Diese Frage wurde nicht mir gestellt. Zum Entsetzen meiner Eltern fragte ich dies meinen Konfirmationspfarrer, als er zu Besuch kam. Ich konnte mir als Teenager und Konfirmand nicht vorstellen, was ein Pfarrer arbeitet.

Dass es ein wenig anstrengender Beruf sein muss, diese Vorstellung geisterte nicht nur mir im Kopf herum. Sie ist mir erst kürzlich wieder in einem Trauegespräch begegnet. In solchen Gesprächen frage ich immer auch nach Berufsträumen, welche die jungen Leute in ihrer Kindheit hatten. Ein Bräutigam erzählte, dass er sich als Knabe überlegt habe, den Beruf eines Sankt Niklaus zu wählen. Der Grund war: dieser müsse nur einmal im Jahr arbeiten. Irgendwann fand er, dass einmal im Jahr etwas langweilig sei. So kam ihm der Beruf des Pfarrers in den Sinn, der nur jede Woche einmal am Sonntag zu Arbeit gehen muss. So ähnlich stellte ich mir die Arbeit des Pfarrers damals als 15-Jähriger vor.

Eine Scheune – Ort des Aufbruchs

Und dann wurde ich Pfarrer. War es die Aussicht auf einen Beruf mit geringen Arbeitsstunden? Es geschah so: Ich erlernte den Beruf eines Speditionskaufmanns. Die Arbeit gefiel mir und machte Freude. Mit aller Welt vernetzt zu sein, war spannend. Meine Lehrzeit fiel in die wilden 68er Jahre, in denen mit manchen Traditionen gebrochen wurde. Es war die Zeit der Hippies. Viele junge Leute eiferten Vorbildern nach wie dem südamerikanischen Freiheitskämpfer Che Guevara oder dem chinesischen Revolutionär Mao Tsetung. «Das Rote Buch», eine Sammlung von Zitaten des chinesischen Diktators, war der Leitfaden für viele junge Menschen, welche die Welt verändern wollten.

In jener Zeit, ich war damals um die 18 Jahre alt, wurde ich in eine christliche Gruppe eingeladen, in der sich regelmässig Jugendliche in meinem Alter trafen. Ihre Kirche war eine Scheune. Die Lieder wurden nicht von einer Orgel begleitet, sondern von Schlagzeug und Gitarre. Man kleidete sich wie die Hippies. Es war eine christliche Parallelbewegung, welche sich «Jesus People» nannte. Studiert wurde jedoch nicht das Rote Buch, sondern die Bibel. Die prägende Figur war Jesus.

Mit Jesus sollte die Welt verändert werden.

Was ich in dieser Gruppe als christlich erlebte, war ganz anders als ich es bis zu jenem Zeitpunkt erlebt hatte: aufregend, begeisternd, mitreissend, herausfordernd und vielleicht auch etwas extrem. Aber als junger Mensch muss man manchmal ausbrechen, um sich finden zu können. Zudem verkehrten in diesem Kreis attraktive Mädchen, was den Besuch zusätzlich interessant machte. Ich schloss mich der Gruppe an. Jesus wurde meine Leitfigur.

In jener Zeit begegnete ich auf dem Flughafen Zürich, wo ich zeitweise arbeitete, zufälligerweise einem mir bekannten Missionar. Er hatte verschiedentlich erlebt, wie ich an Basaren Versteigerungen durchgeführt und lautstark für den Verkauf von Waren geworben hatte. Mit dem Erlös wurden jeweils soziale Projekte im In- und Ausland unterstützt, was mir ein grosses Anliegen war. Er meinte nur: «Wann wird deine Stimme für Gott gebraucht?»

Eine faszinierende Pfarrpersönlichkeit

Später weilte ich im Welschland in Vevey. Dort arbeitete ich in einem Hotel. Ich besuchte die Jugendgruppe der Landeskirche.

Eine mich beeindruckende Pfarrpersönlichkeit amtete in dieser Kirchgemeinde. Der Pfarrer war längere Zeit in Kairo tätig gewesen. Durch ihn erhielt ich einen Einblick in den Pfarrberuf. Besonders aufgefallen war mir, wie intensiv er sich mit biblischen Texten befasste. Noch heute sehe ich seine Bibeln vor mir. Er studierte sie in arabischer und griechischer Sprache. Beide Exemplare waren sehr abgenützt, weil er viel darin las.

Weil Ferien bevorstanden, bat er mich, einen Gottesdienst zu übernehmen. In meinem jugendlichen Übermut wagte ich es. Erstmals bestieg ich eine Kanzel. Gerne wüsste ich, über was ich damals gesprochen habe. Leider gingen die Notizen verloren. Noch durch andere Erlebnisse und Anstösse entwickelte sich die Idee zu einem Berufswechsel.

Auf Umwegen zum Ziel

Mein letzter Arbeitsort als Kaufmann war die Kasse der Universität Zürich. Als ich jeweils durch die Säulenhallen schritt, kam immer wieder der Wunsch hoch, hier einmal zu studieren. Seltsamerweise hatte ich den Wunsch zu studieren schon als Knabe gehabt. Meine Schulnoten reichten jedoch nicht aus, um ein Gymnasium zu besuchen. Da mir eine Matura fehlte, blieb die Tür zum Studium an einer Universität zunächst verschlossen. Ich entschied mich für ein Studium am Theologischen Seminar St. Chrischona, wo ich in den Jahren 1973 bis 1977 eine gute erste und sehr praxisorientierte theologische Grundausbildung erhielt. Dieses Erststudium weckte in mir das Bedürfnis, mich noch weiter in Theologie ausbilden zu lassen, um später einmal als Pfarrer arbeiten zu können. Nach zwei Jahren Mitarbeit in der Jugendarbeit der evangelischen Stadtmission in Lausanne war es dann soweit: Im «zarten» Alter von 27 Jahren drückte ich wieder die Schulbank, um auf dem zweiten Bildungsweg die Matura nachzuholen und danach an den Theologischen Fakultäten der Universitäten Basel und Zürich zu studieren.

Nackte Frauenbilder und der Theologiestudent

Aus der interessanten und intensiven Studienzeit gäbe es natürlich viel zu erzählen.

Folgendes Erlebnis möchte ich nicht unterschlagen.

Während der Semesterferien arbeitete ich in Basel in der chemischen Industrie in der Farbproduktion und im Magazin eines Pharmaunternehmens. Es waren für mich kostbare Erfahrungen.

Den Arbeitern machte es natürlich Spass, einem Studenten mit zwei linken Händen ihre Arbeit zu zeigen, zu schmunzeln, wenn er sich unbeholfen benahm und ihn auch ab und zu auf den Arm zu nehmen, wie das folgende Beispiel zeigt.

In einer Werkhalle gab es einen Werkzeugschrank. Einmal schickten mich die Arbeiter der Abteilung zu jenem Schrank, um ein Werkzeug herauszuholen. Sie taten so, als ob sie alle auch in jene Richtung gehen müssten, und als ich die Schranktüre öffnete, stellten sie sich im Halbkreis um mich. Sie wollten sehen, wie der zukünftige Pfarrer reagieren würde.

Ich öffnete die Türe. Die ganze Innenseite war mit knapp bekleideten und nackten Frauenbildern beklebt. Wie sollte ich reagieren? Ich schaute mir die Bilder zu ihrem grossen Erstaunen genau an. Ich nahm mir Zeit und liess sie warten. Eigentlich aber brauchte ich diese Zeit, um zu überlegen, wie ich reagieren sollte. Ich ahnte: Das ist für die Beziehung zu ihnen und für das Bild, das sie von einem Pfarrer haben werden, ein entscheidender Moment. Ich kehrte mich um und sagte: «Meine Frau ist schöner!» Das muss sie überrascht haben. Von da an war der Bann gebrochen und jede Distanz aufgehoben. Ich war einer von ihnen geworden.

Das Pfarramt kommt in Sicht

Nach einem lehrreichen Praxisjahr in der Kirchgemeinde Gossau ZH wurde ich 1987 von der Zürcher Landeskirche ordiniert. Damals herrschte Pfarrermangel und es wurden einem früh Stellen

angeboten. Obwohl mittlerweile 36-jährig, faszinierte und interessierte mich besonders die Arbeit mit Jugendlichen. Als ich vom freikirchlichen Verband der Chrischona-Gemeinden das Angebot bekam, als Jugendpfarrer die Jugendarbeiten in den Gemeinden der ganzen Schweiz zu fördern, neue Konzepte zu erarbeiten, Jugendleiterinnen und Jugendleiter auszubilden, in der Jugendseelsorge tätig zu sein, eine Jugendzeitschrift zu verantworten und jährlich ein nationales übergemeindliches Jugendfestival zu organisieren, sagte ich mit Begeisterung zu. Parallel erfolgte die Ausbildung zum Armeeseelsorger. Diese Jahre boten mir nochmals ein intensives Lernfeld für die späteren Aufgaben in der Kirchgemeinde Pfäffikon, wo ich für siebzehn Jahre den Schwerpunkt Jugendarbeit übernahm, um dann die letzten Jahre vermehrt in der Altersarbeit tätig zu sein.

1994 aber war die Zeit reif, mich nach einer Pfarrstelle umzusehen. Was ich in den vergangenen sieben Jahren in Gemeinden erfahren und gelernt hatte, wollte ich nun selbst umsetzen. So landete ich im Alter von 42 Jahren auf der Kanzel der Pfäffiker Kirche.

Fakten und Zahlen zum Pfarrberuf

Arbeitete ich seither nur einmal die Woche wie sich das jener Knabe vorgestellt hatte? Wie wenig bekannt der Arbeitsaufwand eines Pfarrers ist, zeigt ein Erlebnis eines meiner Kollegen. Er übernahm eine Abdankungsfeier. Der Verstorbene war kein Kirchenmitglied. Die recht begüterten Angehörigen erklärten, dass sie eine grosse Spende für die Kirche machen würden. Im Briefumschlag, den man ihm nach getaner Arbeit in die Hand drückte, lag eine Hunderternote. 100 Franken als Entgelt für die Arbeit des Messmers, des Organisten und des Pfarrers. 100 Franken für insgesamt etwa 16 bis 18 Arbeitsstunden der drei Berufsgruppen zusammen.

Heute weiss ich, dass der Zeitaufwand für eine Abdankungsfeier 10 bis 12 Stunden beträgt. Ähnlich hoch ist der Aufwand für eine Trauung, wobei dieser noch einige Stunden mehr betragen kann, je nach Fahrzeit zum Ort der Zeremonie. Zur Vorbereitung eines Gottesdienstes werden ungefähr acht Stunden benötigt. Hinzu kommen natürlich Unterricht, viele Gespräche und Besuche, Sitzungen, Texte verfassen für kirchliche Medien. Es gilt in Projekten mitzuarbeiten, Lager und Ferien zu organisieren, freiwillige Mitarbeitende zu suchen, zu schulen und zu begleiten. Und vieles mehr.

In einigen ausgewählten Zahlen ausgedrückt, bedeutet das nach knapp 25 Jahren Pfarrtätigkeit ungefähr:

15000   Stunden Seelsorge, Trau- und Trauer-Gespräche sowie Besuche
 2400   Stunden Religionsunterricht
 1250   Predigten in Gottesdiensten, Besinnungsstunden und Jugendgottesdiensten
 1000   Sitzungen
  800   konfirmierte Konfirmandinnen und Konfirmanden
  550   Abdankungsfeiern
  500   Taufen
  400   Einsätze als Notfallseelsorger
  225   Trauungen

Doch nun will ich im folgenden Kapitel erzählen, wie ich den Einstieg ins Pfarramt in Pfäffikon erlebt habe, bevor ich dann von Erlebnissen aus den verschiedensten Arbeitsbereichen berichte.

Kapitel 2

Aller Anfang ist voller Überraschungen

Ein Tor, das viele Türen öffnete

Mit regelmässigen Kirchbesucherinnen und -besuchern kommt man als neuer Pfarrer leicht in Kontakt. Doch mit der übrigen Bevölkerung ist das nicht so einfach, es sei denn, es helfe einem ein günstiger Zufall.

Ich hatte die Arbeit in Pfäffikon noch nicht angetreten, da wurde mit Schrecken festgestellt, dass meine erste Konfirmation höchstwahrscheinlich auf dasselbe Wochenende geplant war, an welchem das Dorfturnier des Fussballklubs stattfinden sollte. Ich rief umgehend den Präsidenten des Clubs an. Tatsächlich. Beide Veranstaltungen würden kollidieren. Wir entschieden, dem Fussballfest Priorität zu geben. Das Konfirmationsdatum wurde verschoben.

Vielleicht denken Sie: Klar, Zufall, das war einfach ein Versehen beim Planen. Aus meinem Glauben heraus aber würde ich sagen: Da hatte Gott die Hand im Spiel. Und zu einem für meine Tätigkeit wichtigen Spiel kam es auch.

Zufälligerweise war der damalige Präsident mein neuer Nachbar. Als er erfuhr, dass ich früher gelegentlich in Schülermannschaften und in der Firmenmeisterschaft mitgespielt hatte, lud er mich wenige Wochen nach unserer Ankunft zu einem Freundschaftsspiel ein. Das Spiel ging los. Es kam die Pause. Wir spielten weiter. Da ich schon lange nicht mehr gespielt hatte, waren natürlich meine Ballkünste äusserst limitiert. Dann wurde ich von meiner Position als Verteidiger in den Sturm beordert. Es wurde gespielt und gespielt. War ich in Tornähe, versuchte man mir den Ball zuzuspielen. Endlich gelang ein Torschuss. Der Torwart griff daneben. Extra? Fröhlich verkündigte der Platzsprecher, dass der neue Pfarrer ein Tor geschossen habe. Kurz darauf erklang der Schlusspfiff des Schiedsrichters. Erst jetzt stellte ich fest, dass die zweite Halbzeit länger gedauert hatte als die erste. Später erfuhr ich: Man spielte so lange, bis ich ein Tor schoss. Da der Match von zahlreichen Zuschauern verfolgt wurde, kam es anschliessend auf natürliche Weise zu Kontakten, was vor allem im Umgang mit den Jugendlichen im Dorf eine grosse Hilfe war.

Als Moderator diverser Shows

Noch etwas verhalf mir schnell zu vielen Kontakten bei Jung und Alt. Es war die Zeit der Mini-Playback-Shows. In einer solchen Show versuchten Kinder und Jugendliche Popstars zu imitieren. Die Musik wurde abgespielt und die Kids sangen dazu. Danach bestimmte eine Jury die Sieger. Es war ähnlich wie die Casting-Show «MusicStar» des Schweizer Fernsehens, natürlich nur in viel bescheidenerem Rahmen. Während einer gewissen Zeit organisierte beinahe jeder Verein eine solche Show, weil sie viel Volk anzog; denn um die Kinder und Jugendlichen zu hören, kamen nicht nur ihre Kolleginnen und Kollegen, sondern auch die Eltern, Grosseltern und andere Verwandte. Zunächst war es die Harmonie, wenn ich mich recht entsinne, welche mich angefragt hat, eine solche Show zu präsentieren. Nachfolgend kamen weitere Vereine auf mich zu und fragten, ob ich den Anlass präsentieren würde. Es hat grossen Spass gemacht und bot eine gute Möglichkeit, mit vielen in Kontakt zu kommen.

Wenn Ungeliebtes plötzlich wichtig wird

Während meines Theologiestudiums besuchte ich auch Vorlesungen im Bereich Journalismus. Um die Weihnachtszeit bekamen wir eine Aufgabe. Wir sollten einen Artikel über den Verkauf von Christbäumen schreiben. Eine Arbeit über den

Christbaumverkauf? «Wie originell und faszinierend», dachten wir, wenig begeistert. Da hätte es bestimmt interessantere Themen gegeben. Ich war der einzige Theologe unter den Studenten und bereits über 30 Jahre alt. Deshalb ging ich vermutlich das ungeliebte Thema etwas seriöser an, als meine jungen Mitstudentinnen und -studenten. Zu meinem eigenen Erstaunen gefiel dem Dozenten, der gleichzeitig Medienverantwortlicher bei einer Schweizer Tageszeitung war, offensichtlich meine Arbeit. Er ermöglichte mir, als freier Mitarbeiter bei seiner Zeitung wöchentlich mitzuarbeiten.

In meiner Kirchgemeinde angekommen, meldete ich mich bei der Regionalzeitung und fragte, ob ein Bedarf an freier Mitarbeit bestünde. Ich hatte Glück. Dadurch erhielt ich in den ersten Jahren als Pfarrer immer wieder die Möglichkeit, über diverse Anlässe in Pfäffikon zu berichten. Ich schrieb über Jahresversammlungen und Veranstaltungen verschiedener Vereine und über Festivitäten im Dorf. Auf diese Weise kam ich ganz unkompliziert in Kontakt mit vielen Menschen. Später musste ich dann diese Aufgabe aus Zeitmangel aufgeben.

Aus der Christbaumartikelerfahrung habe ich dies zu meiner Grundhaltung gemacht: «Gehe auch ungeliebte und nicht so interessante Arbeiten mit Freuden an, man weiss nie, was sich daraus entwickeln kann.» Oder wie es einmal eine Firma als Motto an ihre Mitarbeiter herausgegeben hatte: «Suche nicht das Aussergewöhnliche, sondern tue das Alltägliche in aussergewöhnlicher Art.»

Als der Dorfladen stillstand

Ab und zu machte ich den Samstagseinkauf. Das tat ich auch, kurz nachdem wir in Pfäffikon angekommen waren. Viele kannten mich noch nicht. Zusammen mit meinen Kindern füllte ich den Einkaufswagen, als plötzlich eine ältere Frau laut durch den Laden rief: «Jetzt schaut einmal da, unser neuer Pfarrer!» Sie dachte wohl, dass es gut sei, wenn mich die Menschen so bald als möglich erkannten. Alles blieb stehen und schaute sich nach mir um. Noch nie war ich mir so ausgestellt vorgekommen! Sie kennen ja das von der Maus, welche am liebsten im Mauseloch verschwinden würde. Das war so eine Situation. Wir verschwanden so schnell wie möglich. Später hat sich zu dieser Person eine tiefe Freundschaft entwickelt. Leider starb sie allzu früh.

Trotz dieses peinlichen Erlebnisses, traf man mich immer wieder einmal beim Einkaufen. Ich wusste, dass ich dafür bis zu zwei Stunden Zeit benötigte. Bewegte man sich mit Einkaufszettel und Einkaufswagen durch die Gänge, suchte dort ein Produkt und wog hier etwas ab, da war man zwar immer noch Pfarrer aber auch gleichzeitig jemand unter Gleichen. Es war für manche viel einfacher, zwischen Apfelmus- und Erbsendosen, zwischen Hörnli und Nudeln oder zwischen Tafelschokoladen und Alpenkräutertee Kontakt zu knüpfen. Wie oft wurde ich gefragt, wann die nächsten Tauftermine seien, und wie das mit dem Heiraten in der Kirche sei oder ob ich einmal zu Besuch kommen könnte. Zudem boten die hohen Gestelle meist mehr Schutz als jeder Beichtstuhl. Es entwickelte sich auf diese Art so manch ein Seelsorgegespräch, welches aber von den Leuten nicht als solches empfunden wurde. Es ging zum Beispiel um Schwierigkeiten in der Erziehung oder in der Ehe, um Probleme am Arbeitsplatz, um Krankheit und Trauer.

Doch nicht nur Ladengeschäfte, sondern auch viele andere Orte im Dorf konnten zu einem Begegnungsort werden. Das war mit ein Grund, warum ich meistens per Fahrrad unterwegs war. Ich konnte dann da oder dort anhalten, absteigen und kurz fragen, wie es geht. Vor allem aber konnte ich links und rechts grüssen und einen schönen Tag wünschen. Oft wurde mir dann ein Lächeln und Gegengruss geschenkt. Was für eine Freude.

Blase, Prostata und Talar

Während vielen Jahren gehörte es zur Tradition, dass wir im Gottesdienst einen Talar trugen. Sie wissen schon: diesen langen schwarzen Rock, der bis zu den Knöcheln reicht und bei dem um den Hals, wo sonst eine Krawatte hängt, zwei weisse Stoffvierecke das Schwarz erhellen.

Diese Amtsbekleidung hat aber ihre Tücken. Den Umgang mit langen Röcken ist man als Mann ja nicht gewohnt. Meinen ersten Talar lieh mir ein Pfarrer, da ich noch keinen besass. Er amtete in der Deutschschweizerkirche in Montreux und bat mich, ihn zu vertreten. Da dieser Pfarrherr grösser war als ich, hatte das auch Auswirkungen auf die Länge des Talars. Auf der Kanzel setzte man sich auf einen klappbaren Sitz. Auch der hatte so seine Tücken. Stand man auf, klappte er zurück. Wollte man sich wieder setzen, bestand die Gefahr, sich ins Leere zu setzen. Ich weiss nicht, wie viele Pfarrersleute dort nach dem Stehen hinter der hohen Kanzelbrüstung verschwanden, weil sie vergassen, den Sitz hinunter zu klappen.

Ich bestieg die Kanzel und setzte mich. Da ich in dieser Kirche meinen ersten Gottesdienst hielt, war ich recht angespannt. Es wäre mir recht gewesen, wenn der Organist noch etwas länger seine Finger virtuos über die Tasten geführt hätte. Doch die Töne verklangen, und ich musste, wohl oder übel, aufstehen. Das heisst, ich wollte. Ich tauchte aber gleich wieder hinter der Kanzelbrüstung ab, aber nicht etwa wegen des Klappsitzes. Es war der Talar. Weil er viel zu lang war, stand ich mit meinen Schuhabsätzen während des Sitzens auf den Saum, ohne es zu merken. Auf diesem Saum stand ich noch, als ich mich erheben wollte. Wäre der Stoff gerissen, hätte ich aufstehen können. Er tat es nicht. So verschwand mein Kopf zum Erstaunen der Anwesenden wieder und kam erst hoch, nachdem ich den Saum unter den Schuhabsätzen hervorgeholt hatte.

In Pfäffikon zog ich den Talar in letzter Zeit nicht mehr an.

Einmal kam ein auswärtiger Besucher auf mich zu und erklärte. «Die Predigt hat mir sehr gefallen und auch, dass Sie noch zur Predigt auf die Kanzel steigen. Gefehlt hat mir aber, dass Sie keinen Talar tragen.» – «Ich erkläre Ihnen gerne, warum ich dieses Kleidungsstück kaum mehr anziehe. Sie müssen wissen: Der Talar hat sehr viele kleine Knöpfe. Nun haben wir seit einiger Zeit ein Headset. Bei diesem Gerät hat man das Mikrofon gleich beim Mund. Durch Bügel über die Ohren wird es gehalten. Von den Ohren geht ein Kabel zur Batterie und zum Sender, und diesen trägt man am Gürtel. Nun bin ich ja älter geworden und meine Blase ist nicht mehr so – Sie wissen schon – die Prostata. Deshalb muss ich wenige Minuten vor dem Gottesdienst noch auf die Toilette. Das kann ich aber nicht mit dem Headset wegen des Kabels, welches das Gerät zwischen Kopf und Gürtel verbindet. Also kann ich das Gerät erst zwei, drei Minuten vor Beginn der Feier anziehen. Dann aber fehlt mir die Zeit, um noch die vielen Knöpfe zuzumachen.» In etwa diesen Worten erstattete ich ihm Bericht. Aber als ich bei Blase, Prostata und Toilette angekommen war, unterbrach er mich und sagte nur: «Aha, so ist das.» Man spürte, diese detaillierte Beschreibung meines Problems hatte er nicht erwartet. Vielleicht dachte er, dass es zu einer theologischen Auseinandersetzung über die Amtsbekleidung eines Pfarrers kommen würde. Er verabschiedete sich freundlich.

Wie ein Kindheitserlebnis meine Arbeit beeinflusste

Ich wuchs in der Nachbarstadt Uster auf. Sonntag für Sonntag besuchte ich mit meinen Geschwistern die Sonntagsschule. Der Sonntagsschullehrer machte auf mich einen mächtigen Eindruck und konnte uns für die biblischen Geschichten begeistern. Einzig in Bezug auf den Batzen, den man am Ende der Stunde in ein Kässeli werfen sollte, gab es Schwierigkeiten. Es war eines von jenen mit einer schwarzen Figur, die dankend nickte, fiel ein Batzen hinein. Mein Problem war, dass unser Weg in die Sonntagsschule ausgerechnet an dem einzigen Kiosk vorbeiführte, der am Sonntagmorgen geöffnet hatte. Da gab es natürlich nicht nur Zeitungen und Zigaretten, sondern auch eine ganze Palette von Süssigkeiten. Die Versuchung war gross, das Zwanzigrappenstück dafür zu verwenden und nicht ins Kollektenkässeli zu legen.

Damals besuchten weit über hundert Kinder die Sonntagsschule in den verschiedensten Quartieren. Grandios waren jeweils die Kinderweihnachtsfeiern. Die Strasse vor der Kirche wurde gesperrt, und wir mussten uns dort vor der Kirche aufstellen und warten. Die Kirche mit ihren über tausend Plätzen war bis auf den letzten Platz besetzt. Natürlich zappelten wir jeweils vor Nervosität und konnten es kaum erwarten, bis wir in die Kirche konnten. Dann ging es los. Sonntagsschulklasse um Sonntagsschulklasse betrat den Kirchenraum. Zuerst die ganz Kleinen, dann die Grösseren. Es war für mich so überwältigend, wenn man durch die Türe in den Innenraum kam. Da stand ein riesiger Christbaum, alles war erleuchtet vom Kerzenlicht. Eine fröhliche, festliche Stimmung erfüllte den Raum. Es folgten das Krippenspiel und viel Gesang. Und zum Schluss bekamen wir einen Weggen. Dieses Bild und die ganze Feierlichkeit des Anlasses konnte ich nie vergessen.

Als ich nach Pfäffikon kam, war für mich sofort klar: solches sollten auch die heutigen Kinder erleben können. Bald fand ich Mitbegeisterte, und es kam zu unvergesslichen Kinderweihnachtsfeiern. Wie ich damals, schwärmen noch heute meine vier erwachsenen Kinder von diesen Feiern.

Kapitel 3

Eine globalisierte Welt an der Pfarrhaustür

Er nannte sich Schreiber

Zieht man in ein Pfarrhaus, wohnt man zwar irgendwie privat und eben doch nicht. Zu jeder Tageszeit kann es vorkommen, dass an der Haustüre geklingelt wird. Wo kann man denn anklopfen, wenn viele andere Türen verschlossen sind? Zum Beispiel an Abenden und an Wochenenden ausserhalb der Bürozeiten von Sozialinstitutionen, Sozialämtern und anderen Einrichtungen, welche Menschen helfen? Oder in der Sommerferienzeit, in welcher viel Betreuungspersonal in den Ferien weilt. Warum nicht an der Pfarrhaustür?

Noch heute ist das Pfarrhaus eine Anlaufstelle für manche Menschen. Für Gestrandete, in Not Geratene und für solche, deren Arbeitsalltag darin besteht, von Pfarrhaus zu Pfarrhaus zu ziehen, um zu sehen, wie man sein Sozialbudget allenfalls aufbessern könnte. In der Schweiz muss niemand hungern und wer will, findet meistens auch eine Unterkunft. Aber die Zigaretten sind teuer. Auch der Alkohol kann das Budget strapazieren, und dann gibt es Menschen, die nicht mit dem Geld umgehen können und bei denen Mitte Monat die Kasse bereits wieder leer ist. Natürlich gibt es auch akute Notsituationen durch Schicksalsschläge und Unvorhergesehenes, in denen Menschen ins Pfarrhaus kommen. Von Begegnungen an der Tür handeln die nächsten Geschichten.

Er nannte sich Schreiber. Immer hatte er eine unbezahlte Telefonrechnung, Krankenkassenrechnung oder dergleichen bei sich. Bei jedem Besuch erklärte er: «Es ist nur noch diese Rechnung, dann bin ich aus dem Schneider.» Wie oft war es die letzte Rechnung. Einmal kam er mit einem Korb, den er mir verkaufen wollte. Überzeugend erklärte er, dass dieser handgearbeitet sei und aus dem Berggebiet stamme. 50 Franken verlangte er. Dummerweise schaute ich mir den Korb genau an und entdeckte auf der Rückseite des Unterbodens den Kleber «Made in China»! «Lieber Herr Schneider», sagte ich ruhig, «einen solchen Bären müssen Sie mir nicht mehr aufbinden.» Nachdem ich einmal eine seiner Rechnungen durch das Spendgut der Kirchgemeinde bezahlen liess, gab es bei nächsten Besuchen vielleicht 20 oder höchstens 50 Franken. Auch das half, denn er ging wohl von Pfarrhaus zu Pfarrhaus, bis er das Geld für die Rechnung oder vielleicht auch für etwas ganz anderes zusammen hatte.

Sie kamen zu ungünstigster Zeit

Mit einigen «Türklopfern» ergab sich mit der Zeit eine Art Freundschaft. Sie klingelten in schöner Regelmässigkeit an der Tür, und da das Pfarrhaus mit einem grossen Umschwung gesegnet ist, gab es oft Arbeit. Einige packten engagiert zu, andere waren nicht auf Arbeit aus.

Letzteres traf auf zwei ungefähr Zwanzigjährige zu. Sie kamen in einem ungünstigen Augenblick. Es lag nämlich gerade ein grosser Haufen von Holzschnitzeln vor dem Haus, der mit der Schubkarre in den Garten gefahren werden musste. Sie hätten ihre Gesichter sehen sollen, als ich ihnen sagte: «Zuerst den Schnitzelhaufen, dann der Lohn.» Mürrisch karrten sie das Holz nach hinten. Sie kamen nie mehr um jene Zeit, in der es Holzschnitzel gab.

Der Mann mit der schneeweissen Bibel

Ein anderes Mal traf ich eine Person aus einem fernen Land im Kirchgemeindehaus. Der junge Mann legte eine weisse aber noch kaum je benützte Bibel auffallend vor mich hin, so dass ich sie nicht übersehen konnte. Hatte er sie für sich gekauft, oder wollte er mich fürs Geben einstimmen? Er bat um Geld für die Weiterreise. Er wollte in England Arbeit suchen. In seinem Land sei er Kindergärtner, aber der Lohn reiche nicht aus, um die Familie über die Runden zu bringen. Ich machte ihn darauf aufmerksam, dass in Frankreich viele Menschen blockiert sind, die auch nach England wollten. Er wollte es trotzdem versuchen. Ich gab ihm Geld für die Fahrkarte.

Er verabschiedete sich. Was ich erst viel später entdeckte, war, dass er seine Identitätskarte zurückgelassen hatte. Das machte mich stutzig. Meine Vorahnung traf ein. Wenige Tage später stand er wieder da. Wir machten ab, dass ich ihm nochmals Geld gebe, damit er in seine Heimat zurückkehren kann, was er mir versprach. Es mögen einige Wochen verstrichen sein, da klingelte es an der Pfarrhaustüre. Wieder er, barfuss. Was sollte ich tun? Nun blieb ich hart. Ich überreichte ihm etwas Geld zum Essen, gab ihm aber deutlich zu verstehen, dass er keine Hilfe mehr erwarten könne.

Was geschah einige Zeit später? Aus demselben Land stand wieder ein junger Mann vor meiner Pfarrhaustüre und erzählte dieselbe Geschichte. Auch er war Kindergartenlehrer, auch er hatte zwei Kinder, auch er … Sie wissen schon. Ich erklärte ihm: «Mein lieber Freund, das alles hat mir schon jemand erzählt.» Auch er bekam etwas Essensgeld und die Auskunft, dass ich ihm nicht mehr weiterhelfen könne. Natürlich schrieb ich ihm Adressen auf, wo er allenfalls weitere und nachhaltige Hilfe erhalten konnte und man die Zeit zur Verfügung hat, um abzuklären, welche Lebensumstände sich wirklich hinter der Geschichte verbergen.

Wenn ein ungutes Gefühl zurückbleibt

Helfen ist schwierig. Wie oft blieb ich mit einem schlechten Gefühl zurück und machte mir Gedanken. Habe ich da richtig ent-

schieden? War ich zu hart? Oder wurde ich «übers Ohr ge-
hauen»? Wie oft stellte ich mir die Frage: Was ist wahr? Im
Erfinden von Geschichten können Menschen ausserordentlich
kreativ sein. Es sind oft herzerweichende Lebenssituationen geschildert worden und weil sie mein Herz berührten, war es oft
schwierig, die Situation richtig einzuschätzen.

Im Zusammenhang mit dem Helfen ist mir aus einem Vortrag ein Satz geblieben, über den ich viel nachdenken musste. Er
stammt von einem Pfarrer aus Boston, dessen Kirchgemeinde
sich für Menschen am Rande der Gesellschaft einsetzt. Er sagte:
«Liebe allein ist banal, Gerechtigkeit allein brutal.» Es kann ei-
nerseits ein naives, schädliches Helfen geben, wie es andererseits
auch ein hartherziges, schädliches Nichthelfen geben kann. Zu
entscheiden, was in der konkreten Situation angebracht ist,
empfand ich als Herausforderung.

Natürlich war es etwas anderes, wenn Menschen aus dem
Dorf in Not gerieten und um Hilfe baten. Dann kannte ich in
der Regel die Umstände. Meist waren es Alleinerziehende, Familien mit einer grossen Kinderschar, kranke und ältere Menschen,
die sehr froh um Unterstützung waren.

Eine Beichte

Wieder einmal klingelte es an der Pfarrhaustür. Vor mir standen
zwei Jugendliche aus dem Konfirmandenunterricht.

Um zu verstehen, was sie wollten, muss ich etwas ausholen.
Am Ende eines Konfirmandenjahres zogen die Mädchen und
Knaben durch die Strassen und klopften wie Bettler an die
Haustüren. Sie erbaten Geld für Projekte, welche damit unter-
stützt werden sollten. Mit dem Geld einer Sammelaktion wurde
zum Beispiel in einer Bergregion die Erneuerung des Backofens
der Dorfbäckerei mitfinanziert und gleichzeitig für mehrere
Hundert Kinder in einem afrikanischen Land das Schulgeld be-

zahlt. Jahr für Jahr erbettelten die Jugendlichen zwischen 8'000 und 14'000 Franken.

Nun standen also die beiden Jungs vor der Haustüre. «Herr Schulthess», begann der Mutigere von beiden, «wir bringen Ihnen fünfzig Franken. Wir haben das Geld nicht abgeliefert, sondern für uns weggenommen. Aber als wir es verbrauchen wollten, plagte uns das Gewissen. Deshalb bringen wir es zurück.» Was für eine freudige Überraschung! Ich gratulierte ihnen zu ihrem Mut und ihrer Ehrlichkeit. Das Erlebnis hat mich ermutigt, weiterhin in dieser Weise mit den Jugendlichen umzugehen, denn am Anfang eines Konfirmandenjahres erklärte ich ihnen: «Seht, ich vertraue euch.»

Dieses Vertrauensverhältnis entwickelte sich über den Konfirmandenunterricht hinaus weiter, wie im nächsten Kapitel sichtbar: Es kommen in diesem und in den beiden folgenden Kapiteln Erfahrungen aus den Bereichen Gottesdienst, Verkündigung und Seelsorge zur Sprache.

Kapitel 4

Engel, Demonstranten und andere Besucher in Gottesdiensten

Was ein Teenager in einem Taufgottesdienst erlebt hat

Einst hatte eine Mutter mit ihrer dreizehnjährigen Tochter einen Taufgottesdienst besucht. Auf dem Heimweg fragte die Tochter ihre Mutter: «Hast du sie auch gesehen?» – «Wen?», fragte sie erstaunt zurück. «Die Engel», erklärte das Teenagermädchen. «Ich habe gesehen, wie bei jedem Kind, das zur Taufe gebracht wurde, ein Engel hinzukam.» Sehen Kinder vielleicht mehr als Erwachsene? Ich habe die Engel nicht gesehen. Aber wenn ich als Pfarrer Engel nicht sehe, heisst das ja nicht, dass sie nicht da sind.

Taufen sind für mich etwas Besonderes. Eine grosse Anzahl Kinder stammen von ehemaligen Konfirmandinnen und Konfirmanden. Da besteht bereits ein Vertrauensverhältnis. Im Gespräch mit den Eltern erfährt man etwas vom Glück, welches ein Kind bei den Eltern auslöst. Martin Buber, ein jüdischer Religionsphilosoph meinte dazu: «Mit jedem Menschen ist etwas Neues in die Welt gesetzt, was es noch nicht gegeben hat, etwas Erstes und Einziges.» Ähnlich empfinden oft die Eltern. Viele sprechen von einem Wunder.

Nicht immer ist alles reibungslos verlaufen. Man hört von Komplikationen und Enttäuschungen. Manche Geburt verläuft wie am Schnürchen und andere sind wirklich eine «Zangengeburt», schwierig, schmerzvoll und kräftezehrend. Es kam mir ab und zu auch zu Ohren, dass manchmal unter Frauen eine Art Konkurrenz stattfindet, wer wie schnell und einfach gebären konnte. Das Vergleichen fängt früh an und bringt Neid und Frust.

Aber nicht nur Schwangerschaft und Geburt kommen bei Taufgesprächen zur Sprache. Es wird von Gelingen und Glück berichtet aber auch von schwierigen Situationen in der Familie. Da läuft es am Arbeitsplatz nicht rund. Ein Familienmitglied ist schwer erkrankt oder bereitet Sorgen. Man befindet sich bei Taufbesuchen mitten im Leben der Familien. So manche jungen Eltern machen sich Gedanken über die Zukunft für ihre Sprösslinge. Er finde, die Zukunft für seine Tochter sei sehr anspruchsvoll, meinte kürzlich ein junger Vater. Dem würde die Genfer Philosophin Jeanne Hersch vorbehaltlos zustimmen. Sie erklärte einst: «Das Leben stellt Anforderungen, die manchmal auch hart sein können und die es zu bewältigen gibt. Unsere Aufgabe ist es, die Kinder darauf vorzubereiten.»

Weil dem so ist, wünschen sich viele Eltern Unterstützung für ihre Kinder auch vom Himmel. Ich lasse die Eltern den Taufspruch auswählen. Oft werden biblische Engelssprüche gewünscht wie: «Ich werde einen Engel vor dir her senden, der dich auf dem Weg durchs Leben begleitet.» Es fällt mir auf, welch grosse Bedeutung Engel heute haben, insbesondere wenn es um Kinder geht. Engel sind offensichtlich fassbarer als der Heilige Geist. Der Wunsch, dass diese geheimnisvollen Wesen aus der unsichtbaren Welt die Kinder begleiten mögen, sitzt tief. Was viele nicht wissen: Jesus hat gesagt, dass jeder Mensch wie selbstverständlich durch Engel begleitet ist!

Übrigens lasse ich die Eltern ihr Kind mittaufen, wenn sie dies wünschen. Ich beginne mit den Worten: «Wir taufen dich im Namen von Gott unserem himmlischen Vater.» Danach mache ich das Kreuzzeichen auf die Stirn. Sehr oft fährt dann die Mutter weiter: «Wir taufen dich im Namen von Jesus Christus.» Auch sie macht das Kreuzzeichen. Der Vater schliesst ab: «Wir taufen dich im Namen des Heiligen Geistes.» Es ist bewegend zu sehen, wie feinfühlend und zärtlich und mit welcher Hingabe die Eltern dies tun. Da wir in der reformierten Tradition kein

Priestertum kennen, welches zwischen Gott und Menschen vermittelt, sind vor Gott und zu Gott hin alle gleich. Somit sind Eltern bevollmächtigt zu taufen.

Es ist schon vorgekommen, dass ältere, bereits getaufte Geschwister während des Taufaktes ihre Eltern angebettelt haben, sie möchten auch getauft werden. Das freut mich. Sie waren noch zu klein, um ihre Taufe zu erleben. Also schlage ich eine Taufbestätigung vor. Und so beginne ich das Ritual mit den Worten: «Ich bestätige, du bist getauft im Namen …» und mache dasselbe Ritual zusammen mit den Eltern wie oben beschrieben. Wie die Kinder in sich aufnehmen, was mit ihnen geschieht, ist berührend.

Tumult im Gottesdienst

Wenn ich mich recht entsinne, predigte ich über eine Heilungsgeschichte. Gemäss dem biblischen Bericht befanden sich die Jesusjünger Petrus und Johannes auf dem Weg zum Tempel, um zu beten. Beim Tempeleingang sass ein Mann. Er war von Geburt an gelähmt. Jeden Tag liess er sich dorthin tragen und bat Vorbeikommende um etwas Geld.

Auf seine Bitte hin antwortete Petrus: «Gold und Silber habe ich nicht, doch was ich habe, will ich dir geben. Im Namen von Jesus Christus aus Nazareth: Steh auf und geh umher!» Er fasste den Gelähmten bei der Hand und half ihm auf. Tatsächlich konnte er stehen und gehen.

Mitten in meiner Predigt öffnete sich die Kirchentür, und ein junger Mann erschien schreiend und tobend. Was ihm gerade in die Hände kam, warf er umher. Ein Mitglied der Kirchenpflege stellte sich ihm in den Weg. Der junge Störenfried stiess den Mann wutentbrannt von sich, so dass dieser wieder auf seinen Platz fiel. Die ganze Gemeinde war blockiert vor Schreck. Kurz zuvor war in Russland eine Schule von Terroristen überfallen worden. Einige dachten: «Nun ist es auch bei uns soweit.»

Der ausser Kontrolle geratene Mann kam nach vorne zum Taufstein und fing an, immer noch laut unverständliche Worte brüllend, die dortige Bibel zu zerreissen. Mittlerweile hatte ich die Kanzel verlassen und trat auf ihn zu, die Hände ausgebreitet wie zum Segen. Spontan kam mir in den Sinn, wie die beiden Jünger beim Gelähmten den Namen Jesus erwähnt hatten. So sagte ich: «Im Namen von Jesus Christus: Verlassen Sie jetzt die Kirche!» In seiner Wut und Verzweiflung wäre es ihm ein Leichtes gewesen mich zu Boden zu stossen oder zu verprügeln, war er doch ein kräftiger Mann. Ich dagegen bin ein Fliegengewicht. Wie reagierte er? Er fragte zurück: «Sind Sie Jesus?» und schaute mich grimmig an, ohne handgreiflich zu werden. Überrascht entgegnete ich: «Nein, aber Sie verlassen jetzt bitte die Kirche.» Tatsächlich ging er, gefolgt von mir, zögernd und zaudernd hinaus, warf von draussen noch einige Handvoll Kieselsteine gegen die Scheiben und vorbei war der Spuk. Wir sind uns danach einige Male begegnet, wodurch ein vertrauensvoller Kontakt entstanden ist.

Der Ausdruck «im Namen Jesu» bedeutet mir viel. Menschlich gesehen ist man als Pfarrperson oft alleine unterwegs. Im Grunde aber ist man nie allein. «Und seid gewiss: Ich bin bei euch alle Tage bis an der Welt Ende!», versprach Jesus seinen Leuten. Diese Zusage entlastet mich. Sie gibt mir die Gewissheit, dass ich durch Gottes Geist und seine Engel inspiriert und unterstützt werde. Es liegt nicht alles an mir. Gleichzeitig fühle ich mich gegenüber Jesus Christus auch verpflichtet. Bei der Ordination geloben Pfarrerinnen und Pfarrer der Zürcher Landeskirche:

«Ich gelobe vor Gott, den Dienst an seinem Wort aufgrund der Heiligen Schrift Alten und Neuen Testamentes in theologischer Verantwortung und im Geiste der Reformation zu erfüllen.

Ich gelobe, im Gehorsam gegenüber Jesus Christus diesen

Dienst durch mein Leben zu bezeugen, wo immer ich hin berufen werde.»

Wie ein Lied Demonstranten vertrieb

In unregelmässigen Abständen kamen Jäger mit der Bitte auf mich zu, ob wir nicht eine Hubertusmesse feiern könnten. Das war immer ein grossartiges Erlebnis. Der Chorraum der Kirche wurde mit Bäumen, Sträuchern und Baumstümpfen in einen Wald verwandelt. Da die Feier im Herbst stattfand, dekorierten die Jäger den Kirchenboden mit Herbstblättern, die in den buntesten Farben leuchteten. Die Waldimitation war eine Augenweide. Aber auch musikalisch bot der Gottesdienst ein Erlebnis. Zwischen den Gesängen der Kirchgemeinde bliesen jeweils die Jagdhornbläser ihre Melodien und Signale, mit denen man sich im Wald seit vielen Jahrhunderten verständigte.

So machten wir uns mit grosser Freude daran, die bei der Bevölkerung weiterhin sehr beliebte Feier, zu organisieren. Ich wusste nicht, dass diese Feiern Tierschützern ein Dorn im Auge sind. Bisher hatte es nie irgendwelche negativen Reaktionen gegeben.

Wenige Tage vor der Durchführung wurde ich aufgefordert, die Feier abzusagen. Aus dem deutschsprachigen Raum kamen Mails mit Beschimpfungen. Eine Demonstration wurde angekündigt. Es blieb uns nichts anderes übrig, als die Polizei einzuschalten, wurde doch der Ton in den Mails immer schärfer, bedrohlicher. In Absprache mit den Staatshütern entschieden wir, die Demonstranten in die Kirche zu lassen, sofern sie nicht störten. Von all diesen Geschehnissen hinter der Kulisse wussten nur wenige. Wir wollten keinen Rummel.

Die Kirche war, wie erwartet, übervoll. Mit ihren archaischen Tönen eröffneten die Jagdhornbläser die Feier. Die Gemeinde sang. Es wurde gebetet. Ich erzählte vom Bekehrungserlebnis des Hubertus, auf welches sich die Tradition dieser Feiern bezog. Nichts geschah. Kaum hatte ich mit der Predigt begonnen, öffnete sich die Kirchentüre und die erwarteten Gäste traten mit Plakaten und zum Teil vermummt in die Kirche. Lautlos, denn sie waren vor der Kirche informiert worden, dass sie nicht stören dürfen. Doch dann machten Sie sich daran, in den Kirchengängen nach vorne zu kommen, damit ihre Plakate auch gesehen werden konnten. Unmut verbreitete sich unter den Gottesdienstbesuchern, je mehr die Demonstranten den Kirchenraum füllten. Eine aggressive Stimmung zog wie ein drohendes Gewitter auf. Es brauchte nicht mehr viel und es hätte sich in gehässigen Szenen entladen.

Reflexartig stieg ich von der Kanzel und trat jenem entgegen, den ich als Anführer ausmachte. Ich forderte ihn ruhig aber bestimmt auf, unter die Empore zu gehen, dort könnten sie den Gottesdienst mitverfolgen und hören, was da gepredigt wird. Es hat mich von Anfang an seltsam berührt, dass mich niemand von den Tierschützern gefragt hatte, was wir im Gottesdienst machen würden. Sie dachten wohl, ich würde das Töten verherrlichen und segnen. Er versuchte mich mit Sprüchen zu provozieren. Ich blieb hartnäckig. Die Hände wie beim Segnen ausgebreitet, sagte ich bestimmt, dass sie zurück unter die Empore müssten. Dann kam mir eine Idee. Ich liess die Gemeinde aufstehen. Durch das Aufstehen sah man die Plakate nicht mehr. Ich schlug vor, das Lied «Grosser Gott wir loben dich, Herr, wir preisen deine Stärke» zu singen. Noch nie hatte ich bisher eine Gemeine so singen hören: so kräftig, aus vollen Kehlen, mit grosser Inbrunst. Alles sang. Der Kirchenraum war erfüllt vom Klang des Liedes begleitet von einer gewaltig aufspielenden Orgel. Alles war erfüllt mit Worten wie «vor dir beugt der Erdkreis sich und bewundert deine Werke» oder «alles, was dich preisen kann, Cherubim und Seraphinen, stimmen dir ein Loblied an; alle Engel, die dir dienen». Es schien, als würde die Gemeinde mit den Engeln um die Wette singen. Als sich die Menschen wieder setzten, war kein Demonstrant mehr in der Kirche und alle Aggression war verflogen.

Es ist üblich, dass die Jäger nach der Feier noch gemeinsam das Mittagessen einnehmen. Während des Essens fiel kein böses Wort gegen die Demonstranten. Alle sprachen nur darüber, wie schön die Feier gewesen sei. Meine Hochachtung!

Was ich finde: Man darf getrost anderer Meinung sein. – Aber die eigene Meinung anderen aufzwingen zu wollen, empfinde ich als respektlos.

Elvis Presley im Gottesdienst

Da mein ursprünglicher Beruf, wie erwähnt, Speditionskaufmann war, wurde ich im Militär Fourier. In dieser Funktion ist man für Verpflegung, Unterkunft und Sold verantwortlich. Ich hatte gerade meinen letzten Dienst absolviert, als mich der Kirchenrat als Armeeseelsorger vorschlug.

Es galt, Gottesdienste zu gestalten. Ich wusste, wie schwierig diese Aufgabe war, hatte ich als Fourier doch einige miterlebt. Kamen die Männer von draussen in einen Saal oder eine Kirche, schliefen an der Wärme und wegen Übermüdung manche ein. Es musste schon sehr mitreissend sein, um dies zu verhindern. Ich kannte einen Pop-, Rock'n'Roll und Gospelsänger, der auch Elvis Presley imitieren konnte und mit seiner Imitation Preise gewonnen hatte. Kurzerhand fragte ich ihn an, ob er mich musikalisch unterstützen würde. Er sagte begeistert zu. Gemeinsam fuhren wir von Truppe zu Truppe. Der rhythmische Gesang hielt alle wach. Für mich spielt die Musik eine sehr bedeutsame Rolle. Sie ist wie ein roter Teppich zu den Herzen. Berührt die Musik die Herzen, gehen sie auf. Dann kann ich, so erkläre ich es jeweils den Musikern, einige stärkende Tropfen in Wortform in die Herzen tröpfeln lassen.

Aber wie verbindet man Elvis und Jesus? Das ist nicht schwer. Der Sänger ahmte Elvis nach. Er übernahm so quasi seinen Le-

bensstil, seine Lebensweise. Jesus nachzufolgen ist ganz ähnlich. Man studiert seine Grundwerte, seine Vorstellungen vom Leben, betrachtet, wie er sich gegenüber anderen Menschen verhalten hat und versucht, danach zu leben.

Der Gottesdienst kam an, was dazu geführt hat, dass wir fortan alle Gottesdienste gemeinsam gestalteten. Natürlich trat er nicht weiter als Elvis auf, sondern begleitete die Anlässe mit bekannten Songs und Gospelliedern.

Auch in unserer Kirchgemeinde wurde erkannt, dass neben der schönen, klassischen Orgel- und Kirchenmusik noch andere Musikstile Platz haben müssen. Es entstanden so neue Gottesdienstangebote mit verschiedensten Musikstilen. Auch die Chorarbeit umfasst heute ein breites musikalisches Spektrum. Diese Veränderungen haben das Gemeindeleben stark bereichert.

Pfäffikon – Dorf der Engel

So lautete einst die Schlagzeile auf der Frontseite der Regionalzeitung. In unregelmässigen Abständen organisierten wir in der Adventszeit eine Art Ausstellung in der Kirche. Wir nannten diese Veranstaltung «Offene Kirche im Advent».

Das Besondere an diesem Projekt war, dass Kindergärten, Schulen und alle Alterseinrichtungen sowie andere Sozialinstitutionen eingeladen wurden mitzuwirken. Einmal erstrahlte der ganze Innenraum der Kirche von Hunderten von Sternen. Ein andermal konnten Krippenfiguren bestaunt werden oder bis zwei Meter hohe Laternen. Morgens hielten sich Kindergärten und Schulklassen in der Ausstellung auf, sangen Weihnachtslieder oder hörten Geschichten. Viele Familien gingen aus und ein. Abends wurde dann ein kurzes, vielseitiges Musik- und Gesangsprogramm angeboten, nicht nur von kirchlichen Gruppierungen, sondern auch von Gesangsformationen aus dem Dorf.

Und nun gaben wir einmal das Thema «Engel» als Motto heraus. Selbst die Gefangenen des Bezirksgefängnisses beteiligten sich an dieser Ausstellung und schreinerten in der Schreinerei übergrosse Engel, welche vor der Kirche auf den Anlass hinwiesen. Auch das Urdörfli von der Stiftung Ernst Sieber beteiligte sich und gestaltete einen riesigen Engel, der fortan um die Advents- und Weihnachtszeit in der Eingangstüre ins Urdörfli aufgestellt wird und jedermann segnend begrüsst. Diese Veranstaltung war Anlass für den Zeitungsartikel in der Regionalzeitung mit dem Titel «Pfäffikon – Dorf der Engel».

Es war immer ein Erlebnis und ein Publikumsmagnet, wenn sich die verschiedensten Organisationen und Institutionen im Dorf zusammentaten, um gemeinsam ein Projekt auf die Beine zu stellen.

Kapitel 5

«Herr Pfarrer, danke für die schöne Predigt!»

Um Himmels willen, was soll ich denn predigen?

Sie haben es im ersten Kapitel lesen können: 25 Jahre Pfarramt bedeutet rund 1000 Predigten. Wären neben mir nicht noch ein Pfarrer und eine Pfarrerin tätig gewesen, würde diese Zahl noch viel grösser. Es war nicht immer einfach, ein Thema zu finden. Und hatte ich endlich das Thema oder den biblischen Text gefunden, was sollte darüber gesagt werden, so dass es in den Alltag der Zuhörenden spricht? Manchmal lief eine Vorbereitung rund, und ich bestieg die Kanzel voller Freude und Elan. Manchmal war es ein stundenlanger Knorz. Schreiben, streichen, Papier zerknüllen, nochmals neu anfangen, wieder streichen. Die Nacht auf den Sonntag wurde kürzer und kürzer. Doch der Sonntagmorgen kam unweigerlich, die Glocken läuteten schon unerbittlich. Es musste etwas gesagt werden. Da gab es kein Entrinnen.

Mir half eine Jesusgeschichte, die ich Ihnen erzählen will, damit Sie den Zusammenhang verstehen. Einmal hielt Jesus vor vielen Tausenden von Menschen Vorträge. Der Abend brach herein. Da die Veranstaltung weit entfernt von Einkaufsmöglichkeiten stattfand, gab es ein grosses logistisches Problem: die Verpflegung! Jesus wollte aber die Menschen nicht hungrig ziehen lassen. Er forderte seine Schüler auf, für ein anständiges Abendessen zu sorgen. Diese waren ratlos und erklärten ihrem Meister: «Wir haben hier ein Kind, das hat zwei Fische und fünf Brote. Das ist alles, was wir auftreiben konnten.» Sie wissen vielleicht schon, was dann passiert ist. Jesus nahm die Lebensmittel, segnete sie, verteilte sie und alle bekamen genug. Es ist mir bewusst, dass diese Geschichte unglaubhaft klingt. Einige Ausleger vermuten, dass nach dem Vorbild von Jesus alle, die etwas bei sich hatten, es hervorholten und teilten. Das gäbe der Erzählung auch einen schönen Sinn. Vielleicht geschah es aber auch anders.

Nun, wenn ich eine Predigt, eine Abdankungsfeier, eine Trauung, einen Vortrag oder was auch immer erarbeitet habe, so mache ich es ähnlich wie damals die Jünger. Ich sage: «Hier, Jesus, hast du meine zwei Fische und die fünf Brote, bitte schau, dass die Herzen der Menschen dadurch gestärkt werden.» Es erleichtert mich, wenn ich das, was ich erarbeitet habe, der Hand des Schöpfers anvertrauen kann, damit es durch seine Hände zu den Menschen kommt.

«Herr Pfarrer, danke für die schöne Predigt!»

Zu Beginn meiner Tätigkeit als Pfarrer ging ich nach dem Amen zur Ausgangstür, um die Anwesenden zu verabschieden. Wie oft hörte ich die Worte: «Danke für die schöne Predigt». Das war sehr freundlich. Aber was bedeutete es eigentlich? Vielleicht tue ich jetzt manchen unrecht. Aber ab und zu hatte ich den Eindruck, es sei wie eine Art Codewort. Man fühlte sich verpflichtet, beim Händeschütteln einen Kommentar zu geben und wollte mich nicht enttäuschen. Mit der Zeit gab ich dieses Ritual auf. Es sollte niemand verpflichtet sein, an mir vorbeizugehen und etwas zu sagen. Es wurde zur Tradition, dass wer noch etwas mit mir besprechen wollte, nach vorne kam. Um meine innere Balance nach einem Gottesdienst zu finden, legte ich mir eine eigene Bewertung fest. Ich entnahm sie als Fussballfreund dem Sport. Fand ich einen Gottesdienst gelungen, sagte ich mir: Jetzt hast du gewonnen. War er mittelmässig, dachte ich: Das war ein Unentschieden. Lief es mir nicht, so hatte ich einfach verloren, was ja bei der besten Mannschaft immer wieder einmal vorkommt. Interessant war, dass meine eigene Beurteilung nicht unbedingt mit jener von Zuhörenden übereinstimmen musste, welche ich mündlich oder per Mail bekam.

Bitten wir um den Weltuntergang?

Ab und zu ging ich ins Dorf, um Menschen zu einem Thema zu befragen. So erhielt ich oft höchst interessante Anstösse.

Einmal wollte ich über die Bitte im Vater-Unser-Gebet «Dein Reiche komme» einen Gottesdienst gestalten. Ich zog los, um Menschen zu befragen. Zunächst begegnete ich einer älteren Frau. Sie erklärte mir, dass sie genug vom Leben habe und gerne sterben möchte. Auf meine Frage gab sie zur Antwort: «Die Bitte bedeutet für mich, dass ich endlich in dieses Reich gehen kann. Dann sieht man, wie es wirklich ist. Man macht sich ja so Vorstellungen, aber dann sieht man es.»

Ich kam beim Empfang im Alterszentrum mit einigen darüber ins Gespräch, wie man sich denn das Reich vorstelle. Es fielen Worte wie: Friede, Liebe, Harmonie, Schönheit, Gesundheit, Ewigkeit. Es wird das Schönste vom Schönsten sein. Unfassbar schön! Das Wunderbarste vom Wunderbaren. «Und wie ist es mit der Gerechtigkeit?», dachte ich bei mir. «Oder ist es für die himmlische Zukunft gleichgültig, wie man auf Erden gelebt hat?» Mit solchen Gedanken zog ich weiter.

Ich musste meinen Wagen aus dem Service abholen. Den Besitzer der Garage kannte ich. Doch er war nicht da. Ein junger, mir unbekannter Automechaniker empfing mich. Ich nahm allen Mut zusammen und fragte ihn, ob er das Unser Vater kenne und was er denke, wenn man betet: «Dein Reich komme.»

Er sei Muslim, antwortete er. Er bete auch. Er habe auch schon in der Bibel gelesen. Er kenne dieses Gebet und sei auch schon einmal in einem Gottesdienst von mir gewesen. Dann erklärte er: «Man betet um das Paradies! Aber das muss man sich verdienen, damit man hineinkommt. Allah hat ja gesagt, was man tun muss. Er schreibt vor, auf was man aufpassen muss.»

Ich blieb einen Moment stumm und fragte dann: «Aber ist das nicht sehr schwierig oder fast unmöglich, dass man das schafft?» – «Man hofft, dass man hineinkommt.» Wieder Nachdenken, dann fügte er an. «Gott ist auch barmherzig.» Ich ergänzte: «Ja, nicht wahr, sonst ist es hoffnungslos. Auch Jesus hat von einem barmherzigen Gott gesprochen.» Dann überreichte er mir meinen Autoschlüssel und ich verabschiedete mich. Dieses Gespräch hat eine freundschaftliche Verbindung zwischen ihm und mir bewirkt.

Jemand anderer meinte: «Wir haben es noch nicht, wir warten aber darauf! Wir sehnen uns danach.»

Eine Nachbarin fragte entsetzt: «Bitten wir also für den Weltuntergang? Bitten wir für schreckliche, grauenvolle Ereignisse, damit dann das Himmelreich kommen kann?»

Sie gab sich gleich selbst die Antwort: «Aber Gott lässt doch seine Welt nicht untergehen.» Mit vielen Gedankenanstössen suchte ich mein Studierzimmer auf.

Inspiration auf der Toilette
Manchmal «flogen» einem Gedanken zu einem Predigtthema an ganz ungewohnten Orten zu. Dies geschah während einer Dienstzeit als Armeeseelsorger. Der Arbeitstag der ranghohen Offiziere begann mit einem «Wort zum Tag». Es waren jeweils um die 100 Männer anwesend, Kaderleute aus Wirtschaft, Wissenschaft, Militär und Politik. Männer also, die selbst oft vorne standen und Reden hielten.

Der Dienst fand in einem Bunker unter der Erde statt. Tief unten, abseits von allem Geschehen, befanden sich die Toiletten. Das war wirklich ein «stilles Örtchen». Kein Rufen hätte irgendjemand gehört. Ich musste dringend in diesen Untergrund. Während ich so dasass, durchzuckte mich der Gedanke: «Uff – hat es überhaupt schon Toilettenpapier?» Am ersten Tag einer Dienstzeit war nicht immer alles bereit. Ein schneller Blick nach hinten zeigte mir: Es reicht gerade noch. Die letzte Truppe hatte glücklicherweise einen kleinen Papierrest zurückgelassen. Ohne Papier wäre ich nicht aus der Toilette gekommen. Das gibt ein Thema, schoss es mir durch den Kopf.

Am nächsten Morgen hielt ich folgendes «Wort zum Tag»: «Gestern auf der Toilette wurde mir wieder einmal bewusst, wie wichtig eigentlich das Geringe, das kaum Beachtete ist. Hätte es keinen Rest Toilettenpapier mehr gehabt, dann hätte ich warten müssen, und selbst wenn ich einen sehr wichtigen Termin gehabt hätte, selbst wenn ich ein sehr bedeutsamer und populärer Mensch gewesen wäre, es wäre mir nichts anderes übrig geblieben, als zu warten. Als ich die Toilette verliess, kam gerade jemand vom Hilfspersonal und füllte alle Toiletten wieder mit WC-Papier auf. Ich bedankte mich bei ihm. Es ist ein geringer, wenig geschätzter Dienst zwar und doch bedeutsam. Wer immer man auch ist, ohne Papier ist man verloren.

Auch in Bezug auf jene Menschen, welche in der Gesellschaft eine Rolle spielen, kann eine Rolle WC-Papier einiges sagen. Die Rolle befindet sich in der Mitte. Das ist ihr Platz. Nicht neben, aussen, von oben herab, sondern mitten drin. Sie trägt das Papier. Sie trägt die Last. Sie dreht sich nicht um sich selber! Sie dreht sich, damit das Papier gut abgewickelt werden kann. Sie dient. So stehen auch alle, welche eine wichtige Funktion in der Armee, in Wirtschaft, Wissenschaft und Politik einnehmen, auf der gleichen Stufe wie jene Personen, die Hilfspersonal genannt werden. Alle dienen einander. Und nur wenn alle füreinander da sind, läuft es rund.»

Ist Reichsein verwerflich?

Manchmal entwarf ich eine Predigt, um Stimmungstrends entgegen zu halten.

Als während der Finanzkrise gegen alle reichen Menschen gewettert und geschrieben wurde, schien mir dies zu einseitig.

Natürlich verstehe ich die Empörung, wenn Menschen sich über die Lohn- und Bonuszahlungen gewisser internationaler Unternehmen ärgern. Mich nervt das auch. Ich kann solche Zahlungen nicht nachvollziehen und verstehe nicht, warum nicht schon lange erkannt wurde, wie unfair und schädlich sie für den Zusammenhalt einer Gemeinschaft sind.

Aber kann man alle reichen Menschen in einen Topf werfen? Sind alle geldbesessen, die in einer Bank arbeiten? Ist Reichsein verwerflich? Richtet sich die Wut und Empörung ausschliesslich gegen eine Volksgruppe, werde ich hellhörig.

Es schien damals, als gäbe es in unserem Land zwei Sorten von Menschen: die Reichen – die Bösen, und die Armen – die Guten. Doch schon die Frage, wer sich zu welcher Gruppe zählt und ab wieviel Einkommen beziehungsweise Vermögen man zu welcher gehört, macht sichtbar, wie unsinnig solche Verallgemeinerungen sind.

In jener Predigt wies ich darauf hin, dass es in unserem Dorf eine reiche Frau gab, von welcher wir bis heute profitieren. Sie hiess Sophie Guyer. Sie war Mitglied einer christlichen Vereinigung, welche sich «Engelsgesellschaft» nannte. Solche Gesellschaften gab es an einigen Orten im deutschsprachigen Raum. Sie nannten sich so, weil sie wie die Engel der Gemeinschaft dienen wollten. Viele der Mitglieder waren wohlhabend aber auch wohltätig. Sie engagierten sich in der Bekämpfung der Armut, indem sie Bildungs- und Wohltätigkeitsinstitutionen gründeten. In dieser Weise wirkte auch Frau Guyer.

Ihr ganzes Vermögen überschrieb sie verschiedensten sozialen Institutionen in der Region. Land und Liegenschaften schenkte sie der Gemeinde Pfäffikon mit der Zweckbestimmung, dass ihr grosses Haus zu einem «Wohnheim für alleinstehende, arme und altersschwache Personen beiderlei Geschlechts» umfunktioniert werden soll. Dank der reichen Sophie Guyer entstand mitten in unserem Dorf das heutige Alterszentrum.

Wie leicht es ist, auf dunkle Flecken anderer zu zeigen, fiel mir auf, als der unsinnige Irak-Krieg ausbrach. Es ging damals nicht um Geld, sondern um Frieden. An vielen Häusern hingen die farbigen Peace-Fahnen. Doch ich wusste, dass es in einigen Häusern, wo jetzt diese Fahne an der Fassade hing, drinnen gar nicht nach Frieden aussah. Wie sagte schon Jesus: «Was siehst du den Splitter im Auge deines Nächsten und den Balken im eigenen siehst du nicht?»

Gottes Wille ist wichtiger als Zahlen

Zahlen sind auch für eine Kirchgemeinde wichtig. Eine Kirchgemeinde ist zunächst einmal einfach ein Unternehmen, das nach wirtschaftlichen Kriterien geführt werden muss.

Zahlen spielen aber nicht nur im finanziellen Bereich eine zentrale Bedeutung, sondern auch bei der Anzahl von Besucherinnen und Besuchern. Überall spricht man von Einschaltquoten und von Leserzahlen. Auch bei den kirchlichen Angeboten muss von Zeit zu Zeit überprüft werden, ob sie noch Sinn machen und einem Bedürfnis entsprechen. Allerdings können Zahlen ein Gewicht bekommen, das ihnen nicht zusteht. Sie können zu einem «goldenen Kalb» werden, um das alles tanzt.

Eines Nachts erwachte ich mit einem Satz im Kopf. Ich weiss nicht, wie ich zu diesem gekommen bin. Er war einfach in meinem Kopf. War er eine Eingebung? Er lautete: «Gottes Wille ist wichtiger als Zahlen!» Diese Nacht liegt viele Jahre zurück, aber den Satz habe ich nie mehr vergessen.

Wie erwähnt, die Zahlen sind auch für eine Kirchgemeinde bedeutsam. Bei aller Strategie und Visionssuche dürfen aber nicht allein die Zahlen und der zählbare Erfolg zählen. Jesus war zwar ein sehr erfolgreicher und populärer Redner, der vor vielen Tausenden sprach. Manchmal liess er aber all' die vielen stehen und wandte sich einzelnen zu.

Das hat mich motiviert, auch vor einer kleinen Zuhörerschar

mit derselben Hingabe zu wirken wie vor vollen Kirchenbän-
ken. Ich entsinne mich an eine Abdankungsfeier. Da sassen in
unserer Kirche, die für über 400 Personen Platz bietet, einmal
fünf Personen. Sie hatten kurze Texte vorbereitet, mit welchen
sie die verstorbene Person ehren wollten. Ich ermutigte sie, ihre
Texte trotzdem vorzutragen. Wir feierten eine würdevolle Abdankungsfeier, der Verstorbenen zuliebe.

Kapitel 6

Blicke hinter die Kulissen der Seelsorge

Seelsorge – Gespräch auf gleicher Augenhöhe

In den nächsten Kapiteln nun, nehme ich Sie mit in den Arbeitsbereich der Seelsorge. Viele können sich unter Seelsorge wenig vorstellen oder haben ein falsches Bild davon. Man denkt: Da kommt der Pfarrer sogleich mit einem Bibelwort und einem Gebet.

Das ist natürlich nicht so. Zur Ausbildung zum Pfarrberuf gehören heute ganz selbstverständlich auch Ausbildungsmodule in Psychologie. Seelsorge bedeutet einfach, dass da vis-à-vis ein Gesprächspartner sitzt, der gut zuhören kann und der durch gezielte Fragen die Situation gemeinsam mit der betroffenen Person erfassen will. Es soll sichtbar werden, um was es geht, damit gemeinsam allfällige Lösungsmöglichkeiten gefunden werden. Oft wird ein Gespräch mit dem Satz eingeleitet: «Nicht wahr, Sie stehen ja unter Schweigepflicht, Ihnen kann ich das schon anvertrauen.» Viele empfinden es bereits als Erleichterung, Dinge einmal aussprechen zu können, die belasten. «Ich habe das nun viele Jahrzehnte mit mir herumgetragen und niemandem gesagt. Ich hätte dies viel früher tun sollen. Jetzt ist es raus, und ich fühle mich befreit.» Oft sind es aber auch akute Schwierigkeiten, Probleme und Sorgen, Fragen über nächste Schritte, die gerne mit einer aussenstehenden Person besprochen werden.

Für mich ist wichtig, dass Seelsorge auf gleicher Augenhöhe geschieht.

Ich bin nicht der Wissende und die ratsuchende Person die Unwissende. Im Gegenteil: Ich weiss nicht, was der Person, die zum Gespräch kommt, wirklich gut tut. Es geht darum, dass die Person selbst herausfindet, was in dieser oder jener Situation helfen könnte. Dazu kann eine Auslegeordnung behilflich sein.

Wie das Unser Vater-Gebet aus Sprachlosigkeit befreite

Die Bibel benütze ich nur dann, wenn jemand mit der biblischen Kultur und Sprache vertraut ist. Auch das Gebet setze ich sorgfältig ein. Manchmal aber wird es gerade erwartet. Ich bin schon enttäuschten Personen begegnet, die sagten: «Der Pfarrer hat nicht einmal gebetet.» Es ist nicht immer einfach, richtig einzuschätzen, ob ein Gebet gewünscht wird. Einmal wollte ich mich von einem Krankenbett ohne Gebet verabschieden, als ich beinahe etwas vorwurfsvoll gefragt wurde: «Beten Sie denn nicht mit mir?» Ein andermal ermunterte mich ein Patient in einem Mehrbettzimmer: «Sie können schon noch beten.»

Grundsätzlich bin ich heute mutiger geworden, was das Beten anbetrifft. Das hat mit einem Erlebnis zu tun. Einmal wurde ein Mann auf offener Strasse Opfer eines Gewaltverbrechens. Seine Frau wünschte, am Ort, wo es geschehen war, sich von ihm zu verabschieden und bat mich um Begleitung. Als wir dort ankamen, verschlug es ihr die Sprache. Sie brachte kein Wort heraus. Der Schock blockierte und lähmte sie. Aber sie wollte sich doch verabschieden. Natürlich kann man das auch ohne Worte tun. Meistens aber sagen die Menschen beim Abschied gerne noch einige liebevolle Worte. Da standen wir also. Ich still. Sie verstummt. Nach einiger Zeit fragte ich die Frau spontan: «Wie wäre es, wenn ich noch das Unser Vater-Gebet beten würde?» Sie nickte zustimmend. Ich fing an zu beten. Plötzlich betete sie mit. Zunächst leise, zögerlich, dann immer stärker. Die Sprache kehrte zurück. Nach dem Gebet verabschiedete sie sich unter Tränen mit bewegenden Worten.

Fesseln, die sich lösten

Ich entsinne mich an ein Gespräch, in dem ich einfach den Zugang nicht fand. Ich fragte: «Wie wäre es, wenn wir Gott bitten würden, dass er uns Klarheit schenken könnte?» Mache ich in einem Seelsorgegespräch den Vorschlag zu beten, dann möchte ich damit zeigen, dass ich nicht weiss, was jetzt sinnvoll ist und dass ich auf Inspiration und Impulse durch den Geist Gottes hoffe. Beten bedeutet für mich, bei einer höheren Weisheit und Intelligenz um Hilfe zu bitten.

Das Gebet war erwünscht. Während des Gebets «sah» ich vor meinen geschlossenen Augen eine Person, gefesselt an einen Marterpfahl. Nach dem Gebet fragte ich: «Gibt es etwas, das Sie nicht loslässt?» Tatsächlich kam ein altes traumatisches Erlebnis ans Tageslicht, über das nun gesprochen werden konnte.

Bedrückende Gebetserfahrung

Dass Vorsicht bei Gebetsritualen angezeigt ist, erfuhr ich bei anderer Gelegenheit. Wieder einmal schlug ich ein Gebet vor: «Bitte nicht, es wurde schon über mir gebetet», war die Antwort. «Es wurde über Ihnen gebetet?», fragte ich. «Ja, ich sass auf einem Stuhl und Leute standen um mich herum, legten mir die Hände auf Schulter und Kopf und beteten über mir. Das war so demütigend. Ich möchte das nicht mehr erleben.»

Der Seelsorger als Kinderbetreuer

Manchmal bedeutet Seelsorge einfach, Hand anzulegen. Ich hatte mich mit einer Mutter verabredet. Als ich eintraf, hatte sie mit den Kindern alle Hände voll zu tun. Eines war krank geworden, und das andere stresste. Kurzerhand schlug ich vor, mit dem zwirbeligen Kind spazieren zu gehen. Statt eine Stunde zu reden, ging ich mit dem Kleinen an die frische Luft spielen. Natürlich gab es da und dort im Dorf Blicke und vielleicht den Gedanken: «Ist das schon sein Enkelkind? Das wäre aber schnell gegangen.»

Bei Pfarrersleuten gibt es schnell etwas zu denken und zu reden. Ein andermal half ich bei einem jungen Bauernpaar Kartoffeln ernten. Sie hatten noch nicht das nötige Geld für Maschinen und waren froh um jede Hand, die anpackte, und ich hatte ja zwei Hände.

«Herr Pfarrer, beten Sie richtig!»

Manche Gespräche führe ich am Telefon. Es gibt Personen, denen es leichter fällt, sich auszusprechen, wenn man sich nicht sieht und so etwas Distanz bleibt. Klingelt das Telefon, weiss man nie, was einen erwartet. Man steckt vielleicht mitten in einer Arbeit, schreibt zum Beispiel gerade ein Protokoll oder bereitet eine Unterrichtslektion vor. Plötzlich ist man mit einer ganz anderen Situation und einem anderen Thema konfrontiert. Das war auch bei diesem Anruf der Fall: Eine mir unbekannte Person war am Apparat. Er habe unbeschreibliche Schmerzen. Wenn diese nicht aufhören würden, würde er sich das Leben nehmen. – Natürlich frage ich immer, ob schon medizinische oder psychiatrische beziehungsweise psychologische Hilfe in Anspruch genommen worden sei. Wenn nicht, empfehle ich, sich helfen zu lassen.

Ein Gebet wurde gewünscht. In wenigen Worten schilderte ich Gott die schwierige Situation und bat um Hilfe. Inmitten des Gebets wurde ich mit den Worten unterbrochen: «Herr Pfarrer, beten Sie richtig! Ich bin verzweifelt. Ich halte das nicht mehr aus!» Ich merkte, mein wohlüberlegtes, nettes Gebet hatte die abgrundtiefe Verzweiflung der Person nicht richtig erfasst. «Richtig beten. Wie geht das in einer solch verzweifelten Situation?», fragte ich mich.

Ich erinnerte mich, dass im Gebetsbuch der Bibel, genannt Psalmen, viel von Schreien die Rede ist. Ich fing an, so gut ich es konnte, zu schreien und Gott anzuflehen, wie wenn ich selbst am Ertrinken wäre. Ich habe bis zu jenem Zeitpunkt noch nie so gebetet. Was die Person darauf noch gesagt hat und wie wir das Gespräch beendeten, daran kann ich mich nicht mehr erinnern.

Ich machte mir anschliessend viele Gedanken. Ich fragte mich, ob mein reformierter Glaube zu gezähmt, zivilisiert, emotionslos und verkopft sei. Ein Kind, so überlegte ich mir, schreit manchmal im Zorn und in der Verzweiflung seine Eltern an. Es hat keine Angst vor Liebesentzug. Es vertraut, dass es auch weiterhin geliebt wird. In Psalmen und Seelsorgebegegnungen konnte ich beobachten: Verzweifelte beten nicht anständig und nett, wie das nachfolgende Beispiel zeigt.

Zu schön, um wahr zu sein?

Nach unserem Kontakt geriet er immer mehr in den Sumpf, verschuldete sich, konsumierte täglich seine 10 bis 20 Joints, trank zu allen Tageszeiten Alkohol. Grund für seinen Absturz war, dass ihm seine Tochter weggenommen worden war. Auch er hatte als Kind eine gewisse Zeit in einem Heim verbracht.

«An jenem Tag lag ich also im Bett und wusste nicht mehr weiter. Jetzt soll sich diese ganze Scheisse bei meiner Tochter wiederholen. Ich war echt wütend auf diesen Gott, von dem im christlichen Kinderheim immer gesprochen wurde. In meiner Wut warf ich ihm an den Kopf, dass es ihn gar nicht gebe und dass alles liebe Geschwätz eine grosse Lüge wäre. Ich forderte ihn auf: ‹Gott, wenn es dich wirklich gibt, dann gib mir eine Chance. Ich verspreche dir, ich werde alles, aber wirklich alles, in meinem Leben ändern und meinen Weg, meinen erfolgreichen Weg gehen, wenn du mir hilfst, diese Scheisse zu stoppen. Gott, hilf mir meine Schulden zu bezahlen. Hilf mir keine neuen Schulden zu machen und verdammt noch mal, hilf mir etwas aus meinem Scheissleben zu machen!›»

Nichts ahnend ging er am gleichen Tag mit einem Kollegen einkaufen. An der Kasse bekamen sie zwei Talons, mit denen man an einem Wettbewerb teilnehmen konnte. Er hatte noch nie an einem Wettbewerb teilgenommen und wollte es auch dieses Mal nicht. Wettbewerbe waren nicht in seinem Sinn. Deshalb schrieb er auf beide Talons den Namen seines Kollegen. Als er sie einwerfen wollte, wurde ihm aber gesagt, dass pro Person nur ein Talon gültig sei. Nach kurzem Hin und Her strich er auf einem den Namen seines Kollegen und schrieb seine eigenen Angaben hin.

Drei Tage später wurde er morgens um 8.30 Uhr durchs Telefon geweckt. Die Stimme fragte, ob er die und die Person sei und ob er an einem Wettbewerb teilgenommen hätte. Er bejahte. Darauf wurde ihm mitgeteilt, dass er einen Personenwagen gewonnen habe. Zudem forderte man ihn auf, eine Woche später zur Hauptverlosung zu kommen, wo es um ein Sportauto im Wert von über zwanzigtausend Franken gehe. Er ging und gewann, verkaufte das Fahrzeug, bezahlte seine Schulden und steht heute mit beiden Beinen, erfolgreich und schuldenfrei im Leben. Auch die Tochter lebt wieder in der Familie und hat dazu noch eine kleine Schwester erhalten.

Vielleicht denken Sie jetzt: Diese Geschichte ist zu schön, um wahr zu sein. Aber es ist eine wahre Geschichte. Ich kenne den Mann. Natürlich ist es heikel, diese «Erfolgsgeschichte» zu publizieren. Manche haben Gott ihre Not auch an den Kopf geworfen und es schien, als wäre er taub. Es darf einfach nicht der Schluss gezogen werden: Man muss nur richtig beten, dann kommt Hilfe. – Aber wie dieser Mann mit Gott gesprochen hat, ohne ein Blatt vor den Mund zu nehmen, hat mich beeindruckt.

Aus Verzweiflung Schlimmes angedroht

Ein anderer Anruf erreichte mich, als wir beim Mittagessen waren. Sie rief aus einer Telefonkabine an. «Können Sie mir helfen?», fragte sie. «Ich habe solche Angst. Mein Mann hat gedroht, die Nachbarn umzubringen.» Ich fuhr sogleich los, um sie zu treffen. Ich hatte mit dem Mann schon ein- oder zweimal Kontakt gehabt. Das half mir, die Situation besser einzuschätzen. Ich wusste, dass er unter grossen Schmerzen litt und wenig schlafen konnte. Sie erzählte mir, dass er sehr gereizt sei und die lärmenden Kinder im oberen Stockwerk nicht mehr vertrage. In seiner Verzweiflung habe er gedroht, diese Nachbarn umzubringen.

Ich vermutete, dass es sich um ein Hilferuf handelt. Deshalb wagte ich es, mit der Frau in den Wohnblock zu gehen. Ich klopfte kräftig an die Tür, öffnete sie und rief in die Wohnung hinein, wer ich sei, und ob ich hereinkommen dürfe. Er akzeptierte es. Am Ende seiner Kräfte, geplagt von Schmerzen lag er auf dem Bett. «Ich halte es einfach nicht mehr aus», sagte er. Die ungeladene Pistole und die Munition waren immer noch fein säuberlich in einer Schublade deponiert. Nein, er hätte doch nichts gemacht. Er wisse einfach nicht mehr weiter. – Ich durfte Pistole und Munition mitnehmen und der Polizei übergeben. Fortan besuchte ich die beiden regelmässig. Bald ergab sich eine Lösung für eine andere Wohnung, was immerhin von der Wohnsituation her eine Entspannung brachte.

Wutausbruch auf dem Bahnsteig

Ich wartete auf dem Bahnsteig, um an eine Sitzung nach Zürich zu fahren. Da entdeckte mich eine Person, mit der ich vor längerer Zeit einmal telefonischen Kontakt gehabt hatte.

Bei diesem Telefonat muss aber so ungefähr alles schief gelaufen sein, was nur schief laufen konnte. So empfand sie es jedenfalls. Wutentbrannt kam sie auf mich zu und inmitten all' der wartenden Pendler und Bahn- und Busreisenden hielt sie mir lautstark vor, was ich alles falsch gemacht habe und was für ein schrecklicher Mensch ich sei. Eine Schimpftirade ergoss sich über mich, wie wenn es aus Kübeln regnet. Ich war sprachlos, zumal ich mich an das Gespräch kaum erinnern konnte. Die Abfahrt ihres Busses beendete das Wortgewitter. Sehr aufgewühlt bestieg ich den Zug unter den Blicken vieler, die mich kannten.

Man könnte jetzt einwenden: «Allen Leuten recht getan, ist eine Kunst, die niemand kann.» Doch das wäre der Situation nicht angepasst und verletzend. Sie ist wohl kaum die einzige Person, welche ich enttäuscht habe. Zu erfahren, dass man Menschen helfen will, aber den Sturm in der Seele verstärkt, statt stillt und die Last vergrössert, statt erleichtert, nimmt man nicht auf die leichte Schulter. Das beschäftigt mich jeweils sehr.

Mitten in der Wirtschafts- und Arbeitswelt

Als ehemaliger Kaufmann interessierte mich die Wirtschaft. Durch die Seelsorge erkannte ich zugleich, wie bedeutsam die Arbeit für das Selbstwertgefühl und für die Identität eines Menschen sein kann. Es gab einmal ein Buch eines arbeitslosen Architekten mit dem Titel «Arbeitslos aber nicht würdelos». Viele Jahre war er bei einer bekannten Schweizer Firma angestellt, um ein grosses und zukunftsweisendes Bauprojekt zu realisieren. Zum Erstaunen vieler fand er danach keine Arbeit mehr und geriet in eine grosse Krise. Etwas zum Gelingen des gesellschaftlichen Zusammenlebens beitragen zu können, gibt eben Sinn und Würde. Deshalb ist es so einschneidend für junge Menschen, wenn sie nach der Schule in der Arbeitswelt keinen Platz finden.

Weil die Arbeit für das Wohlergehen der Menschen von grosser Bedeutung ist, lag es mir am Herzen, mit dem hiesigen Gewerbe in Verbindung zu sein. Ich wollte wissen, wie es läuft und wo es welche Schwierigkeiten gibt. Zudem leistet ein florierendes Gewerbe für die Finanzen eines Dorfes und der Kirche einen wichtigen Beitrag. Durch meine Mitgliedschaft im Gewerbeverein kam es immer wieder auf natürliche Art und Weise zum Austausch zwischen Kirche und Wirtschaft. Bei Zusammenkünften wurde oft die Gelegenheit benutzt, über Per-

sönliches zu sprechen oder einen Gesprächstermin zu verein-
baren.

Reformierter Pfarrer als Engelforscher

Eine Frau hatte vernommen, dass ich ein Buch über Engel geschrieben habe.

Doch sie vergass meinen Namen. Sie wollte unbedingt mit
mir in Kontakt treten. Sie interessierte sich zwar für Religiöses,
war aber nicht christlich orientiert. Es nahm sie einfach Wunder,
was ein reformierter Pfarrer mit Engeln am Hut hat. Das schien
ihr speziell.

Sie war sich auch nicht gewohnt zu beten, was wir so allge-
mein unter beten verstehen. So sagte sie einmal: «He, ihr da
oben, ihr kennt ihn. Ihr könnt mir doch sagen, wie er heisst.»
Einige Tage später blätterte sie in einer illustrierten Zeitschrift.
Beim Durchblättern stiess sie auf ein Inserat. Geworben wurde
für eine Waschmaschine Marke Schulthess! «Das ist doch sein
Name!», fuhr es ihr durch den Kopf. Dank dieses Inserates fand
sie mich, und es kam zu einem interessanten Kontakt.

Weil das Thema «Engel» in den 90er Jahren in vieler Leute
Munde war und aufgrund einer eigenen Erfahrung wollte ich
gerne wissen, was andere im Raum Zürich mit den Himmlischen erleben. Gleichzeitig wollte ich mich als Seelsorger anbie-
ten, damit jene, welche gerne über übersinnliche Erfahrungen
reden möchten, eine Ansprechperson finden.

Deshalb gab ich über einen Zeitraum von mehreren Jahren
in den regionalen Zeitungen Inserate auf mit der Frage: «Haben
Sie Erfahrungen mit Engeln gemacht oder sind Sie auf andere
Weise mit einer unsichtbaren Welt in Kontakt gekommen? Sollten Sie gerne einmal darüber sprechen wollen, kontaktieren Sie
mich.»

Pro Inserat meldete sich ungefähr ein Dutzend Personen.
Viele sprachen nicht über Engelerfahrungen, sondern über an-

dere seltsame Ereignisse. Einige suchten seelsorgerlichen Rat, weil sie sich in einer schwierigen Lebensphase befanden. Diese Inserate führten zu Begegnungen mit Menschen, welche kaum mehr einen Kontakt zur Kirche hatten. Manche gingen auch in sogenannt esoterischen Kreisen ein und aus. Wobei ich den Begriff esoterisch nicht mag, weil er oft abwertend gemeint ist. Natürlich gibt es in jeder Strömung Übertreibungen und Ungesundes. Aber das kann es ja auch im christlichen Glauben geben. Auch zu Menschen anderer Religionen kam es zu Verbindungen, welche ich bereichernd empfand. Natürlich gab es auch abschätzige Reaktionen. Einmal kam ein Zeitungsblatt zurück überschrieben mit: «Hören Sie endlich auf mit diesem mittelalterlichen Zeug!»

Kürzlich schrieb mir eine Mutter in Bezug auf ihren 4,5-jährigen Sohn. «Als er ungefähr 2,5 Jahre alt war, hat er immer von den Engeln gesprochen, welche bei Lionel, seinem kleineren Bruder zu sehen sind. Er sah sie auf der Rücklehne des Autositzes, oberhalb des Sofas, im Kinderzimmer. Wie genau so ein Engel aussieht, hat er nicht erzählen können, aber dass er da ist. Vor knapp drei Wochen hatte er eine Augenoperation. Ein paar Tage später hat er am Abend beim Gebet gesagt, er wolle auch beten. Er hat dann dieses gebetet: ‹Lieber Gott, danke vielmals hast du und deine Engel einen Schlüssel für den Operationssaal, so dass du über meine Augenärztin und mir gewacht hast. Amen.›»

Kapitel 7

Als Pfarrer in der Krise

Ein Skiunfall mit Folgen

Ich arbeitete mittlerweile sechzehn Jahre als Pfarrer und hatte das Alter von 58 Jahren erreicht. Die vergangenen Jahre hindurch waren wir das gleiche Team gewesen und auch die Arbeitsschwerpunkte hatten sich über die Jahre hinweg eingependelt. Nun wurde mein langjähriger Pfarrerkollege pensioniert. Ich hatte mich entschieden, seinen Arbeitsschwerpunkt in der Altersarbeit zu übernehmen und nach vielen Jahren die Jugendarbeit in jüngere Hände zu geben. Solche Wechsel sind mit zusätzlicher Arbeit verbunden. Es war eine sehr belastende Zeit.

Es überraschte mich deshalb nicht, als ich am letzten Skiwochenende mit den Konfirmanden stürzte. Ich war schlicht und einfach übermüdet. Die rechte Schulter schmerzte zwar stark aber ich schenkte dem wenig Beachtung. Vor allem in der Nacht waren die Schmerzen stark und nahmen beständig zu. Nach langem Zögern, und da ich kaum mehr schlafen konnte, suchte ich den Arzt auf. Es wurde eine «Steife Schulter» (Frozen Shoulder) diagnostiziert. Heilungsdauer: ein bis zwei Jahre. «Wenn die Schulter einsteift, verlangt sie nach Ruhe», las ich in einem medizinischen Fachjournal. Rückblickend scheint mir klar, warum ausgerechnet die Schulter in Mitleidenschaft gezogen wurde. Mein Körper wollte mir sagen: Du hast zu viel geschultert. Jetzt wurden die Folgen sichtbar. Zudem fiel es mir nicht leicht, mich nach vielen Jahren aus der Jugendarbeit zurückzuziehen, schätzte ich doch den Umgang mit Jugendlichen sehr. Solche Übergänge kosten nicht nur körperlich, sondern auch emotional Kräfte. Ich hatte dies unterschätzt.

Die Angst vor der Angst

In den Nächten lag ich immer länger wach. Es kam so weit, dass ich gar nicht mehr schlafen konnte. Mit der Zeit war nicht mehr die Schulter das Problem, sondern meine Schlaflosigkeit. Tatsächlich kroch jeweils am frühen Nachmittag die Angst vor der Nacht eiskalt meine Beine hoch, bis sie später den ganzen Körper ergriff. Sass ich in der Kirche, zu Beginn eines Gottesdienstes oder einer Abdankungsfeier, dachte ich: «Jetzt wirst du dann gleich zusammenbrechen.» Ich erinnere mich noch an eine Fahrt zu einer Hochzeit, auf der ich kaum einen klaren Gedanken fassen konnte. Die Angst davor, dass alles schief gehen könnte und vor allem Müdigkeit erfüllten mich von Kopf bis Fuss. Mein Selbstvertrauen war im Keller. Immer stärker dominierte die Angst. Beinahe alles wurde zu einem scheinbar unüberwindbaren Berg. Aber es stand die letzte Konfirmation vor der Tür. Ich konnte doch nicht einfach alles fallen lassen. Die Hochzeitssaison mit vielen Trauungen hatte begonnen. Das sind Verpflichtungen, welche nicht einfach verschoben oder kurzfristig von andern übernommen werden können. Es sind Termine mit Menschen, zu denen man eine Beziehung aufgebaut und alles gemeinsam vorbereitet hat.

Von Gott enttäuscht

In den schlaflosen Nächten sprach ich mit Gott. Als Bibelleser kannte ich die Berichte, in denen davon erzählt wird, wie Jesus geheilt hat. Warum heilt Gott nicht? Es wäre ihm doch ein Leichtes, mir wieder den Schlaf zu geben. Oder liegt es an mir? Glaube ich zu wenig? Ein Prophet klagte einst: «Warum nimmt mein Leiden kein Ende? Warum will meine Wunde nicht heilen? Ich setze meine ganze Hoffnung auf dich (Gott); aber du lässt mich im Stich wie ein Bach, der im Sommer versiegt.» So in etwa fühlte ich.

In diesem Bitten und Flehen spielte für mich eine biblische

Geschichte eine besondere Rolle. Damit Sie verstehen warum, muss ich sie kurz erzählen. In dieser Begebenheit bat ein Mann die Jünger von Jesus, seinen an Epilepsie erkrankten Sohn zu heilen. Leider blieben ihre Gebete und Bemühungen erfolglos. Da kam Jesus hinzu. Nun wandte sich der Vater an ihn mit der Bitte: «Wenn du etwas vermagst, so hilf uns und hab Mitleid mit uns». Jesus aber sagte zu ihm: «Was soll das heissen: Wenn du etwas vermagst? Alles ist möglich dem, der glaubt.» Sogleich schrie der Vater des Kindes: «Ich glaube! Hilf meinem Unglauben!»

So ähnlich schrie ich damals zu Gott, während ich mich auf dem Nachtlager hin- und herwälzte. Glaubte ich zu wenig? Wie konnte ich mehr glauben? Ich traute es doch Gott zu. Kann man denn noch mehr vertrauen als vertrauen? Wie geht das? Was heisst glauben? Vertrauen? Immer wieder sagte ich es zu Gott wie der Vater: «Ich glaube! Hilf meinem Unglauben!» Doch während der Knabe von Jesus geheilt wurde, geschah bei mir gar nichts. Der Abgrund der Angst tat sich immer weiter auf und schien mich zu verschlingen. Wie schnell in solchen Zeiten Suizidgedanken aufkommen können, erschreckte mich. Einmal war ich allein auf einer Wanderung, um Abstand zu gewinnen und mich zu erholen. Da lief ich einem steilen Abhang entlang und schon waren sie da, diese finsteren Gedanken. Ein Schritt und der ganze Kampf und Krampf wären vorbei.

Tabletten statt Gottes Heilkraft

Ich suchte meinen Hausarzt auf. Nun sollte ich also Schlaftabletten nehmen. Gerade das hatte ich vermeiden wollen. Tabletten statt Gottes Heilkraft! An Stelle von Vertrauen in Gott, Vertrauen in Tabletten. Obwohl ich bitter enttäuscht von ihm war, kam ich doch nicht von ihm los.

Aber warum sollte Gott eigentlich ausgerechnet mich heilen, der ich doch mit vielen Menschen zu tun habe, die auch auf Gottes Hilfe hofften und deren Gebete ebenfalls nicht in gewünschter Weise erhört wurden? Warum sollte ich nicht auch als Pfarrer Tabletten nehmen, wie es viele Menschen tun müssen, welche ich durch Krankheiten und psychische Schwierigkeiten begleitete? Schon oft hatte ich in Gesprächen gehört, wie das Mühe macht. Nun erlebte ich es selbst und konnte andere besser verstehen. Allmählich versöhnte ich mich mit der Situation und mit Gott. Ich fing an, auch die Tabletten als einen Segen von Gott zu sehen. Bevor ich sie jeweils einnahm, dankte ich ihm und bat darum, dass sie ihr «gutes Werk» in meinem Körper tun können.

Neben der guten medizinischen Hilfe durch meinen Arzt und den Tabletten suchte ich auch seelsorgerliche Begleitung. Da kamen so manche emotionale und mentale Gewichte zum Vorschein, die ich zum Teil schon lange Zeit mit mir herum geschleppt hatte. Wie gut tat es, diese zu erkennen, zu benennen und zu entsorgen. Ich musste mir auch die Frage stellen, was ich von Gott erwartete. Bleibe ich mit ihm in Verbindung, auch wenn der Glaube keinen Lohn abwirft? Lohn in dem Sinne von bewahrt werden, Hilfe bekommen, Erfolg und Anerkennung erleben, verschont bleiben vor Krankheiten, Schicksalsschlägen und dergleichen. Damals entdeckte ich ein Lied, das mir seither viel bedeutet. Darin heisst es: «Ich will dich lieben meinen Gott; ich will dich lieben ohne Lohne auch in der allergrössten Not».

Nach vielen Monaten wurde ich allmählich stabiler, und die Kräfte kehrten langsam zurück. Ich war um eine Erfahrung reicher, die mir in seelsorgerlichen Gespräch fortan eine echte Hilfe war. Es gab aber auch konkrete Dinge, die ich ändern wollte, was die nächste Erfahrung zeigt.

Zu viele Buchstaben im Kopf

Immer wieder erlebe ich Impulse in der Nacht. Es war in jener Zeit, als bei mir wie oben geschildert, so manches auf den Kopf gestellt wurde. Wieder einmal erwachte ich mit einem Satz im

Kopf. Er lautete: «Du hast zu viele Buchstaben im Kopf!» – Was war der Hintergrund?

Viele Menschen liehen mir Bücher aus und meinten: «Du, das musst du unbedingt lesen.» Alle meinten es gut, wollten mich fördern und bereichern. Meine Arbeitstage aber waren so ausgefüllt, dass sich die ausgeliehenen Bücher mehr und mehr stapelten. Immer, wenn ich den wachsenden Bücherberg anschaute, kam Druck auf. Ich wollte sie endlich wieder zurückgeben aber die Menschen, die es so gut meinten, auch nicht enttäuschen. Ich setzte mich selbst unter Druck. So fing ich an zu lesen und zu lesen, einfach, damit sie gelesen waren und der Bücherberg schmolz. In diese Zeit hinein kam dieser Impuls in der Nacht.

Es stimmte. Ich hatte zu viele Buchstaben im Kopf. Ich konnte all' das, was ich da in mich hineinstopfte, gar nicht verarbeiten. Mutig entschloss ich mich, die Bücher ungelesen zurückzugeben und Enttäuschungen in Kauf zu nehmen.

Ich fing auch an, anders mit Bibelworten oder sonstigen Weisheitsworten, welche mich hellhörig machten, umzugehen. Fesselte mich ein Ausspruch oder ein Bibelabschnitt, las ich nicht mehr weiter, sondern versuchte, einige Zeit lang mit diesen Gedanken zu leben. Ich hielt es wie mit einem Kaugummi. Man kaut ihn, bis er fade ist. Dann spuckt man ihn aus. Ich versuchte, so lange mit den Worten zu leben und sie mir immer wieder in Erinnerung zu rufen, bis ihre Bedeutung «fade» und ich wieder aufnahmefähig wurde. Ein Beispiel: Ich lese ab und zu in einem Büchlein, genannt Losungen, in dem für jeden Tag zwei Bibelsprüche stehen. Da stand vor einiger Zeit: «Tu, was dir vor die Hand kommt; denn Gott ist mit dir.» Das hat mich sehr angesprochen. Ich habe in den folgenden Tagen darauf geachtet, was mir einfach so vor die Hand kam, habe darauf reagiert und dieses und jenes Geplante liegen gelassen, verschoben oder ganz gelassen.

Kapitel 8

In Trauer selbst getröstet werden

Der Unfall meiner Mutter

Gut zehn Jahre war ich bereits als Notfallseelsorger tätig, damals noch als Leiter des Care Teams Spital Uster, als an einem Sonntag im Februar 2007 mein jüngster Bruder anrief und erklärte, dass meine Mutter verunfallt sei. «Es sieht nicht so schlimm aus», meinte er am Telefon, «sie blutet lediglich aus der Nase und befindet sich bereits im Spital». Sogleich machte ich mich auf den Weg dorthin. Ich traf aber keine leichtverletzte Mutter an, sondern ein Ärzte- und Pflegeteam, das meine Mutter zur Verlegung per Helikopter ins Universitätsspital Zürich bereitmachte. Sie hatte schwerste Verletzungen, und man bangte um ihr Leben. Als sie auf dem Weg zum Abendgottesdienst den Fussgängerstreifen überqueren wollte, war sie von einer jungen Automobilistin übersehen worden.

Schon oft hatte ich ähnliche Situationen erlebt. Aber nicht als selbst Betroffener, sondern als Seelsorger. Der Schmerz fuhr mir durch Mark und Bein. Eine längere Zeit verbrachte sie dann auf der Intensivstation in der Universitätsklinik.

Als ich wieder einmal tieftraurig vom Besuch herkommend durch die Cafeteria des Universitätsspitals gehen wollte, traf ich auf eine Mitarbeiterin des Rettungsdienstes. Sie sah meine verweinten Augen und nahm mich sofort verständnisvoll und tröstend in die Arme. Sie war zur rechten Zeit am rechten Ort. Diesen Moment des Getröstetwerdens, habe ich bis heute nicht vergessen. Es hat so gutgetan.

Helfen im Schmerz, kann helfen

Wieder einmal verliess ich nach einem Besuch die Universitäts-klink. Da in der Nähe keine Parkplätze frei gewesen waren, musste ich mein Fahrzeug ausnahmsweise ziemlich weit entfernt in ein Parkhaus einstellen. Bei meinen Besuchen hatte ich immer auch das Gesangbuch der Kirchgemeinde dabei, um meiner Mutter Lieder zu singen und mit ihr zu beten. So tue ich es ab und zu an einem Krankenbett, wenn es passt. Ich feiere gemeinsam mit der kranken Person einen Gottesdienst und werde dadurch selbst gestärkt.

Ich machte mich also auf den Weg zu meinem Fahrzeug. Es war um die Mittagszeit. Da kam mir eine junge Frau, heftig weinend, entgegen. Ich dachte, ich kann doch nicht einfach an ihr vorbeigehen. Aber was sollte ich als fremder Mann tun? Da kam mir ein Blitzgedanke: Mein Kirchengesangbuch! Ich ging mutig auf sie zu, selbst mit verweinten Augen vom Besuch bei meiner Mutter und fragte: «Kann ich Ihnen irgendwie helfen?» Dann hielt ich ihr mein Gesangbuch vors Gesicht, auf dem «Evangelisch-reformiertes Gesangbuch» draufsteht und sagte: «Schauen Sie, ich bin Pfarrer». Sie hielt an und fasste Vertrauen. Ich ging mit ihr in die Cafeteria des Spitals, wo sie mir eine traurige Geschichte erzählte. Sie war vom Ausland nach Zürich umgezogen, um bei ihrem Freund zu sein, der in Zürich studierte. Kaum war sie angekommen und wollte ihn erstmals treffen, liess er ihr ausrichten, dass er kein Interesse mehr an einer gemeinsamen Zukunft habe. Dieses SMS hatte sie kurz vor unserer Begegnung empfangen. Da sass sie mir nun gegenüber: eine junge Frau aus dem Ausland, ohne Zukunft in einer fremden Stadt.

Ich gab ihr noch Adressen, wo sie weitere Hilfe erhalten könnte. Dann verabschiedeten wir uns. Dass ich ausgerechnet an diesem Tag mein Fahrzeug so weit entfernt abstellen musste, empfand ich als weise Fügung von oben. Ansonsten wären wir uns kaum begegnet. Es hat mich selbst sehr getröstet, dass ich in meiner eigenen Trauer einen anderen Menschen trösten konnte.

Wie Quittengelee trösten kann

Später wurde meine Mutter auf die Intensivstation des Regionalspitals Uster verlegt, in der Hoffnung, dass sie den Unfall überleben würde. Dem war leider nicht so. Wir mussten schlussendlich den Entscheid treffen, die Apparaturen abzustellen. Eine Hilfe dabei war, als uns die leitende Ärztin erzählte, dass meine Mutter einmal geflüstert haben soll, sie möchte zum Vater gehen. Für uns war klar, welchen Vater sie damit gemeint hatte: den Vater von Jesus Christus. So liessen wir sie gehen, im Vertrauen darauf, dass sie im Himmel in gute Hände kommt.

An Weihnachten besuchte die junge Automobilistin unsere Kirchgemeinde. Wir führten damals gerade ein grosses Kinderweihnachtsmusical auf. Völlig überraschend stand sie, zusammen mit ihrer Mutter, vor mir. Und was überreichte sie mir? Ein Kistchen voller Quittengelee. Sie hatte gewusst, dass unsere Mutter meine Geschwister und mich in der Herbstzeit immer wieder mit Quittenkonfitüre beschenkt hatte. Was für eine liebe und aufmerksame Geste! Das hat uns alle tief berührt und wir hoffen sehr, dass die junge Person durch den Unfall nicht den Lebensmut und die Lebensfreude verloren hat. Wir sagten uns alle: Wie oft hätte uns Ähnliches passieren können, wenn wir auf der Strasse unterwegs sind.

Bemerkenswert an der ganzen Geschichte war auch ein Blick in die Regionalzeitung, welche in der Woche nach dem Unfall meiner Mutter erschien. Da war in grossen Titelbuchstaben zu lesen: «Care Team hatte ein ruhiges Jahr». Daneben auf gleicher Höhe stand: «Fussgängerin schwer verletzt». Das war meine Mutter.

Kapitel 9

Ein Ereignis, das meinen Berufsalltag veränderte

Wie ich Notfallseelsorger wurde

Eigentlich bin ich ein Planer. Ich analysiere gerne eine Situation, um dann konkrete Ziele zu setzen und zu überlegen, wie man diese erreichen kann. Mit der Zeit habe ich gelernt, dass erstens nicht alles planbar ist und es zweitens manchmal einfach darauf ankommt, auf Bedürfnisse und Ereignisse zu reagieren, und schon wird man in eine neue Richtung gelenkt. Bertrand Piccard, der als erster mit einem Heissluftballon die Erde umrundet hat, schrieb in einem seiner Bücher, wie es ihm ergangen ist. Er berichtet, dass er erstmals in seinem Leben nicht selbst steuern konnte. Er war ganz und gar den Windströmungen ausgeliefert. Es war ihm einzig möglich, sich durch das Aufsteigen- oder Absinkenlassen des Ballons in neue Windströme zu manövrieren, die ihn dann in eine Richtung mitnahmen. In eine völlig unerwartete und ungeplante Richtung führte mich das folgende Erlebnis: Es geschah wenige Monate nach meiner Ankunft in Pfäffikon. Auf tragische Weise verstarb ein junger Mann. Da mir die Beerdigung zufiel, kam ich mit den Eltern in Kontakt. Ihr Schmerz war unbeschreiblich. Sie erzählten mir von der Nacht, als sie den Sohn gefunden hatten. Sie berichteten auch, wie es sie total verunsichert hatte, als neben dem Rettungsdienst plötzlich auch noch Polizisten ankamen, ein Bezirksarzt und sogar ein Staatsanwalt. Das alles hatte in ihnen beklemmende Gefühle ausgelöst, und sie kamen sich dem Geschehen hilflos ausgeliefert vor.

Diese Erfahrung führte mich in die Notfallseelsorge. Zwar

gab es 1995 eine solche Organisation im eigentlichen Sinne noch nicht und auch die Ausbildungsmöglichkeiten waren bescheiden. In Winterthur allerdings existierte die Stiftung «Begleitung in Leid und Trauer». Sie leistete Pionierarbeit auf diesem Gebiet. Durch deren Gründer bekam ich Zugang zu verschiedenen Ausbildungsmodulen bei Feuerwehr, Polizei, Rettungsdiensten, Notärzten und Spezialinstituten in Bern, Zürich und Winterthur. Mein Ziel war es damals, bei Notfällen der Bevölkerung in Pfäffikon dienen zu können. Doch unerwartet schnell zog diese Arbeit weite Kreise. Ein Journalist, welchen ich anlässlich eines Unfalls kennenlernte, brachte mich in Verbindung mit dem Leiter des Rettungsdienstes des Spitals Uster. Gemeinsam bauten wir für das Spital ein Care-Team auf. Schon bald kamen der Seerettungsdienst und die Ortsfeuerwehr auf mich zu und baten um Unterstützung in schwierigen Situationen. Von der Ortsfeuerwehr ging es weiter zur kantonalen Feuerwehr, wo ein Care-Team aufgebaut werden sollte mit dem Ziel, Feuerwehrleute nach schweren Ereignissen zu begleiten. So ergab sich eines nach dem anderen, ohne dass ich irgendetwas dazutun musste und ohne dass ich in dieser Richtung irgendetwas geplant hätte, als ich nach Pfäffikon kam. Heute besteht eine sehr effiziente Notfallseelsorge im Kanton Zürich, welche 2016 zweihundertsechzig Mal ausrücken musste.

Mein erster Einsatz mit Kindern

Ungefähr dreihundert Mal also wurde ich gerufen, um Menschen in schmerzvollsten Situationen beizustehen. Viele Einsätze habe ich vergessen. Doch mein erster Einsatz, bei dem Kinder betroffen waren, ist mir noch sehr gegenwärtig.

Ich begleitete damals die Polizei zu einer Familie, deren Vater auf dem Weg zur Arbeit verunglückt und verstorben war. Wir sollten die traurige Nachricht der Familie überbringen. Eine Babysitterin öffnete. Hinter ihr schauten zwei Knaben hervor im

Alter von ungefähr 4 und 6 Jahren. Die Mutter und Ehefrau war an der Arbeit.

Wir suchten ihren Arbeitgeber auf. Die Frau wurde in ein Sitzungszimmer geführt, wo wir warteten. Nichts ahnend und doch Schlimmes befürchtend trat sie herein. «Ist etwas passiert?» Die Polizisten baten sie, sich zu setzen und teilten ihr mit, was geschehen war. Da brach eine Welt zusammen. Dieser Augenblick, in dem eine traurige Nachricht überbracht wird, ist immer so schrecklich. Von einer Sekunde auf die andere ist nichts mehr, wie es einmal war.

Dann hatte sie nur noch das Bedürfnis, nach Hause zu ihren Kindern zu gehen. Wir wurden im Polizeiauto dorthin gebracht. Während sich die Beamten verabschiedeten, um für einen nächsten Einsatz bereit zu sein, blieb ich und begleitete sie ins Haus. Die Kinder merkten natürlich am verweinten Gesicht der Mutter, dass etwas nicht stimmte. Sie nahm sie zu sich und erklärte ihnen, was geschehen war. Alle drei weinten herzzerreissend. Als Freunde ankamen, verabschiedete ich mich. Auf dem ganzen Heimweg weinte ich. Es tat mir so Leid für die Familie. Unsere beiden Buben waren damals etwa im selben Alter.

Einige Zeit später lud mich die Frau als Dank für die Unterstützung zum Mittagessen ein. Die beiden Knaben spielten am Boden. Ich kniete mich zu ihnen und spielte mit. Was sah ich da? Sie spielten einen Unfall mit Feuerwehr, Krankenwagen und Polizei. Sie spielten den Unfall ihres Vaters nach. Ich spielte mit. Dann setzten wir uns an den Tisch, wobei der Ältere zur Mutter bemerkte: «Mami, jetzt sind wir ja wieder vier».

Wie hätte ich es der Familie gewünscht, sie wären noch zu viert gewesen!

Geht es um Kinder und Jugendliche, ist das auch für die Helfer eine besondere Herausforderung, seien das Leute vom Rettungsdienst, der Polizei oder der Feuerwehr. Ein Polizist erzählte mir, wie schrecklich es für ihn gewesen sei, als er in einer

Badewanne zwei verstorbene Kinder angetroffen habe, welche mit dem Haartrockner im Wasser gespielt hätten. Das Geschehene lag bereits Jahre zurück. Er konnte es nicht vergessen.

Einmal starb ein Kind an einem Kindstod. Als der junge Bestattungsbeamte kam, sagte er mir, er könne da nicht helfen. Er hatte ein Kind im selben Alter. So half ich dann, den kleinen weissen Sarg hinauszutragen. Schlimm war es auch für jenen Bestattungsbeamten, welcher wegen eines Suizids ausrücken musste. Als er ankam, sah er, dass es eine ihm bekannte und vertraute Person war, mit welcher er intensiven Kontakt gehabt hatte.

Ein Name verhindert Unheil

Er stand auf dem Dach und wollte springen. Doch der herbeigerufenen Polizei und einer ihm nahestehenden Person gelang es, ihn vom Sprung abzuhalten. Schritt für Schritt löste er sich von der Dachkante und kehrte ins Gebäude zurück.

Im Treppenhaus begegnete ich ihm. Wir kamen ins Gespräch. Schnell entstand ein Vertrauensverhältnis und er willigte ein, freiwillig mit der Polizei mitzugehen, um sich psychiatrisch helfen zu lassen. Deshalb sollte er auf den Polizeiposten mitgehen, wohin dann auch ein Facharzt kommen würde. Auf dem Weg zum Polizeifahrzeug eskalierte jedoch die Situation erneut. Kaum erblickte er den Polizeiwagen, drehte er sich um und rannte in panischer Angst davon. Er wusste später selbst nicht mehr, was diese Panik ausgelöst hatte.

Bei unserem Gespräch hatte ich ihn auch nach seinen Vornamen gefragt. Intuitiv rief ich ihn beim Namen: «Lukas, komm zurück!» Wie vom Blitz getroffen stoppte er, blieb stehen, und kehrte ruhig zum Polizeifahrzeug zurück, ohne dass die Polizisten eingreifen mussten. Ich hätte nie gedacht, dass ein Name solch eine Wirkung und Kraft entfalten kann. Wir fuhren dann zum Polizeiposten, wo er mir so manches aus seinem noch jungen Leben erzählte. Bald traf der Facharzt ein, dessen Hilfe er willig annahm. Tief bewegt und Gott dankend für diesen Einfall fuhr ich in den frühen Morgenstunden von diesem Notfalleinsatz nach Hause.

Flucht in die Nacht

Das Notfalltelefon klingelte. Man erklärte mir, es sei ein Mann am Telefon, der sich umbringen wolle, aber nicht angebe, wo er sich aufhalte. «Vielleicht können Sie als Seelsorger hier helfen.» Dann war ich mit dem Mann verbunden. Ich stellte mich ihm vor und ermutigte ihn, mir doch seinen Standort mitzuteilen, damit wir reden könnten. Nach längerem Hin und Her willigte er ein. Er gab mir einen Treffpunkt am Rande eines Parks an, in dem auch ein altes, unbewohntes Gebäude stand.

Gespannt fuhr ich dorthin, parkierte meinen Wagen unter einer Strassenlaterne, dort, wo wir abgemacht hatten. Ich musste nicht lange warten, da löste sich ein Schatten aus dem Dunkel und ein jüngerer Mann kam auf mich zu, Bierflaschen in der Hand und stark nach Alkohol riechend. Da es eine recht kühle Sommernacht war, setzten wir uns in meinen Wagen. Er erzählte von einer unglücklichen Beziehung und vielen anderen Schwierigkeiten.

Neben mir sass eine Ruine von Mensch, der auch medizinische Hilfe benötigte. Mit seinem Einverständnis alarmierte ich den SOS-Arzt. Es kam ein älterer, erfahrener Arzt. Dieser erklärte dem betrunkenen und kranken Mann, dass die Einweisung in ein Spital im Augenblick die beste Lösung für ihn wäre. Auch hier willigte er ein. Nach vielen Telefonaten gelang es dem Arzt, in einem Spital einen Platz zu finden. Erleichtert sagten wir ihm, dass wir nun eine Lösung gefunden hätten und ihn dorthin fahren würden.

Doch kaum gesagt, nahm er Reissaus und rannte mit seinen Flaschen in die Dunkelheit des Parks zurück. Er verschwand und liess einen verdutzten und überraschten Arzt und Notfallseelsorger unter der Strassenlaterne stehen. Alles Rufen nützte nichts. Ihm zu folgen war uns zu gefährlich und zudem wollten wir ihm den freien Willen lassen. Ob er noch lebt? Er tat mir leid. Ich konnte nur noch für ihn beten. Wieviel braucht es oft, bis Menschen bereit sind, ihre selbstzerstörerische Lebensweise aufzugeben und den harten Weg aus der Nacht ans Licht anzutreten. Flucht in die Finsternis scheint manchmal einfacher, als dass im Licht zum Vorschein kommt, was wirklich los ist.

Kapitel 10

Begegnungen mit Menschen anderer Kulturen und Religionen

«Beten Sie, wie Mama gebetet hat!»

Ich wurde in ein Mehrfamilienhaus gerufen. Eine ältere Frau war verstorben. Wie es sich herausstellte, war es die einzige Hiesige. Alle anderen Bewohnerinnen und Bewohner kamen aus anderen Kulturen und Religionen. Wie ich von den anwesenden Frauen hörte, war sie für alle wie eine «Mama» gewesen. Hatte jemand eine Frage, ging man zur Mama. War man in Not, ging man zur Mama. Brauchte man ein aufmunterndes Wort, ging man auch zu ihr. Hatte man etwas Zeit, wohin ging man: zur Mama. Sie muss für die Frauen wie ein Engel gewesen sein. Man spürte: die Verstorbene bedeutete allen viel und die Trauer war dementsprechend gross. Ihr Tod war grosser Verlust für die ganze Blockgemeinschaft.

Die Untersuchungen wurden abgeschlossen, der Sarg gebracht und die Verstorbene in den Sarg gebettet. Ich fragte die Frauen, ob sie noch Abschied nehmen wollten. Alle kamen und standen um den Sarg. Männer schienen keine anwesend zu sein. Allein schon das Bild war bewegend: Frauen unterschiedlicher Hautfarbe und aus verschiedenen Religionen stammend, standen vereint im Sterbezimmer um den Sarg. Ich war etwas verunsichert. Die Anwesenden schienen sich jedoch nicht daran zu stören, dass ich der einzige Mann war. Sollte ich es wagen, ein Gebet vorzuschlagen? Ich wollte niemanden brüskieren oder vereinnahmen. Aber dann wagte ich es und fragte, ob ich nach meiner Art noch für die Verstorbene beten solle. Wie aus einem Mund sagten alle: «Beten Sie, wie Mama zu dem da gebetet hat!», und zeigten in eine Ecke. Ich schaute hin. Erst jetzt sah ich, dass dort ein Kruzifix hing. Anscheinend war die Verstorbene eine Katholikin. Hatte sie den Frauen erzählt, dass sie zu Jesus beten würde? Nach meinem Gebet verabschiedeten wir uns. Nichts Trennendes war zu spüren.

«Wir sind doch gar nicht so viel anders.»

Ähnliches erlebte ich, als ein Doppelmord auf offener Strasse hier in Pfäffikon geschah. Damals erschoss der Mörder zuerst seine Frau und später die Leiterin des Sozialamtes. Anderntags versammelte sich eine grössere Schar Menschen aus sehr unterschiedlichen Ländern und Religionen. An den Orten, wo die Tat geschehen war, wurden Blumen hingelegt, und es war für die Anwesenden selbstverständlich, dass ich nach meiner Art beten sollte. Einige Tage später suchten mich nochmals Menschen auf, welche die Ehefrau gut gekannt hatten und aus ihrem Land kamen. Sie wollten nochmals zum Tatort und baten um Begleitung. Da es zwei Frauen waren, fragte ich sie zuerst, ob das in Ordnung sei, dass ich sie begleiten würde. Worauf die eine meinte: «Wir sind doch gar nicht so viel anders als ihr.» Auch sie gingen nicht nur an den Ort ihrer Bekannten, sondern auch an den Platz, wo die Leiterin den Tod gefunden hatte. Sie legten Blumen hin und weinten an beiden Orten. Am Tag des Geschehens allerdings, gab es auch einzelne, welche diese Vermischung von Kultur und Religion nicht schätzten Aus den finsteren und versteinerten Gesichtsausdrücken spürte man die Ablehnung, und es wurde sehr genau registriert, wer sich mit wem unterhielt. Man kam sich in allem kontrolliert vor. Aber das waren unter den vielen Anwesenden lediglich zwei oder drei Personen.

«Ich möchte, dass es dem Mädchen gut geht.»

Eine vielleicht 60-jährige Muslima aus einem anderen Kantonsteil rief mich an. In ihrer Wohnung war die Freundin ihres Sohnes unerwartet verstorben. Sie ging zu einem Imam und bat ihn, für das Mädchen zu beten. Dieser aber schien überfordert und lehnte ab, denn er könne nicht für eine Christin beten. Wenn ich das jetzt so erzähle, möchte ich auf keinen Fall diesen muslimischen Prediger verurteilen. Viele von ihnen kommen aus fremden Kulturen und kennen sich hier nicht aus. Sie wollte aber, dass für die junge Frau gebetet würde. Ich besuchte sie. Warum lag ihr ein Gebet so sehr am Herzen? Sie erklärte mir: «Ich möchte, dass es dem Mädchen gut geht.» Sie führte mich in das Zimmer, in dem die junge Frau verstorben war. Eine Kerze brannte. Ich fragte danach, wie sie damit umgehe, dass in ihrer Wohnung ein Mensch gestorben sei. Sie gestand mir, dass es ihr seither unwohl sei und dass sie das Zimmer nicht gerne betrete. Wie sie es gewünscht hatte, betete ich für das Mädchen, dass es jetzt, nach einem turbulenten Leben, in Gottes Armen Frieden finden möge. Ich fragte, ob ich auch für die Wohnung beten solle, dass sie sich in ihr wieder wohl und sicher fühlen möge. Auch dies nahm sie gerne an. Anschliessend erzählte sie mir viel aus ihrem eigenen Leben.

Menschen anderer Kulturen dienen zu können, erfüllt mich sehr. Ich erinnere mich auch an einen Einsatz, als sich ein junger Mann das Leben genommen hatte. Natürlich fragte ich, ob wir einen Imam oder sonst jemanden aus der Moschee organisieren sollten. Die Familie verneinte. Der aufgebotene Arzt, eine Notfallseelsorgerin und ich betreuten die Anwesenden, eine ganze Sippe, während den Stunden des Schocks und der Untersuchungen. Sie nahmen die Unterstützung gerne an. Es war uns dreien ein grosses Bedürfnis, sie gerade in diesen schrecklichen Momenten Nächstenliebe erfahren zu lassen.

Kapitel 11

Haussegnungen – ein besonderer Dienst der Seelsorge

Ungute Gefühle im neuen Zuhause

Eine junge Familie zog in ein Einfamilienhaus. Irgendwie fühlten sie sich am neuen Wohnort nicht wohl. «Es sei so eine bedrückende Stimmung», meinten sie. Ich schlug ihnen vor, das Haus zu segnen. Wie ich auf diese Idee gekommen bin, weiss ich nicht mehr. Es ist ja nicht gerade reformierte Tradition, Gegenstände zu segnen. Natürlich hörte ich damals, dass andere Gruppierungen Häuser mit Weihrauch und Ritualen reinigten.

Ich besuchte jene Familie. Ich fragte, wo man sich denn am Unwohlsten fühle. Es war die Waschküche. Im bezeichneten Raum betete ich in etwa so: «Jesus Christus erfülle nun diesen Raum mit deinem Licht, mit deinem Frieden. Alles Dunkle, Belastende soll deinem Licht weichen.» Danach machte ich mit Salböl ein Kreuz auf den Boden, begleitet von folgenden Worten: «Dies ist ein Ort, erfüllt von Gottes Frieden und vom Licht von Jesus Christus». Habe ich das in ein oder zwei Räumen gemacht, gebe ich das Salböl in die Hände der Bewohner und bitte sie, nun in jene Räume zu gehen, welche sie ebenfalls Gott weihen möchten. Ich ermutige sie, mit eigenen Worten zu beten und dort den Raum mit dem Kreuz zu bezeichnen, wo sie das Bedürfnis haben. Dazu muss ich sagen, dass manche, welche dieses Ritual wünschen, nicht religiös praktizierend sind. Nach einigem Zögern gehen sie von Raum zu Raum und weihen ihr Haus und sprechen mit Gott, als ob dies die natürlichste Sache der Welt wäre.

Ich stelle mir vor, dass früher der Tempel in Jerusalem oder andere heilige Häuser in ähnlicher Weise geweiht wurden. Es ist mir dabei wichtig, dass diejenigen, welche im Haus wohnen, einen Teil der Räume selbst segnen. Ich möchte ihnen damit zeigen, dass es dazu keinen Experten braucht. Alle Menschen haben direkten Zugang zu Gott.

Braucht es so ein Ritual?, mögen manche sich die Frage stellen. Ich merke einfach, wie die Vorstellung und die rituelle Erfahrung, dass die Räume nun erfüllt sind vom Frieden Christi, Auswirkungen haben. Manchmal sind diese mental, manchmal aber auch physisch spürbar.

Ein Einbruch hinterlässt Spuren

So wurde ich schon eingeladen, ein Haus zu segnen, nachdem eingebrochen worden war. Zwar hatte man die Sicherheit verstärkt. Trotzdem fühlte sich die Familie in den Räumen nicht mehr zuhause. Der Gedanke, dass da wildfremde Menschen in den privatesten Bereichen herumgegangen und in Schränken, Kommoden, Betten, einfach überall gewühlt hatten, hatte irgendwie alles «entheiligt», verunreinigt. Es haftete wie ein schlechter Geruch an allem. Der «Hausfrieden» wurde so quasi zerstört. Man kann es gar nicht richtig in Worte fassen, was da gefühlt wird. Ich nahm die Segnung vor, wie oben beschrieben. Das Ergebnis war verblüffend. Es sei wieder eine ganz andere Stimmung im Haus, wurde mir berichtet. Die Segnung wirkte offensichtlich ähnlich, wie wenn ein verstimmtes Instrument wieder gestimmt wird. Auch nach einem Brand fühlten sich die Menschen im Haus nicht mehr sicher und baten um eine Segnung.

Es kam auch vor, dass Menschen in ein neues Haus oder eine neue Wohnung zogen und eine Segnung wünschten. Es war ihnen wichtig, dass der neue Wohnort erfüllt vom Frieden und vom Licht Christi sein möge. Natürlich liegt es vor allem an den Menschen selbst, im Frieden zu leben und diesen Frieden immer wieder zu suchen. Der Gedanke, wenn man über die Türschwelle tritt, dass dies ein geweihter Ort ist, ein Ort des Lichts und nicht der Dunkelheit oder Belastungen, kann Auswirkungen haben.

Segnung nach einem gewaltsamen Tod

Das hat mir auch das nächste Beispiel bestätigt. In einem Zimmer nahm sich ein Mann das Leben. Über Wochen mied die Familie diesen Ort. Wollte man jedoch schlafen gehen, führte der Weg in der Nähe jenes Raumes vorbei. Es war nicht möglich, auszuweichen. Sogleich war das Bild, wie man den Verstorbenen gefunden hatte, wieder präsent. Ein beklemmendes, mulmiges Gefühl war die Folge. Aus der Erfahrung wusste ich, dass Räume, in denen Menschen sich das Leben genommen haben, manchmal für die Zurückbleibenden eine eigenartige Ausstrahlung bekommen, so dass man sich beinahe nicht mehr getraut, sie zu betreten.

Nach längerem Gespräch fragte ich die Familie, ob wir es wagen wollten, gemeinsam in den oberen Stock zu gehen. Ich erklärte, wie ich vorgehen würde. Sie waren bereit. Bei der ersten Treppe hing ein dreihundertjähriges Originalbild. Es zeigte den Stern von Bethlehem und die Engel über dem Stall, wo Jesus geboren wurde. Ich machte den Vorschlag: «Immer, wenn Sie hier hochgehen, denken Sie doch daran, dass Ihnen der Stern von Bethlehem den Weg leuchtet und Sie von Engeln begleitet sind». Wir stiegen eine weitere Treppe hoch und betraten das Zimmer. Es war für die Angehörigen etwas seltsam, aber alle folgten mir. Da mein Besuch nach Ostern stattfand, machte ich ihnen einen weiteren Vorschlag. «Wenn Sie hier hereinkommen, denken Sie doch nicht an das Schreckliche, sondern an Ostern.» Der Gedanke an Ostern schien allen einzuleuchten. Ich segnete den Raum und betete um Licht und Frieden. Lange verblieben wir an jenem Ort. Es schien allen viel weniger auszumachen.

Kapitel 12

Wenn Menschen sich auf die letzte Reise machen

Vorahnungen

Es sind oft ereignisreiche Wochen und Monate, bevor ein Mensch sich von der Erde verabschiedet. Da geschehen manchmal Dinge, welche zum Nachdenken führen und ab und zu sogar die Lebenseinstellungen von Menschen verändern. Viele schätzen es, wenn sie im Pfarrer eine Person finden, der sie Erlebnisse anvertrauen können, die oft niemandem oder nur eng Vertrauten erzählt werden. Von solchen Erfahrungen möchte ich auf den nächsten Seiten berichten.

In einem Gespräch mit Brautleuten erzählte mir die junge Frau: «Ich habe von meinem Grossvater geträumt. Er sagte mir im Traum Adieu. Als dann der Anruf kam, dass er gestorben sei, überraschte mich das nicht. Es war eine eigenartige Situation, an welche ich heute noch denken muss.»

Bei einem Taufgespräch erzählte mir eine Patin, die zwar in der Schweiz lebt, aber aus dem Ausland zugezogen war, folgendes: «Meine Mutter war schwer krank. Da träumte ich, wie mein Mann für mich ein Flugticket für einen Flug in mein Heimatland kaufte. Ich sah auch das Datum auf dem Ticket. An genau diesem Datum starb meine Mutter. Den Traum hatte ich ungefähr zwei Monate vor ihrem Todestag.»

Ich staune immer wieder über das Netzwerk, welches zwischen Menschen unsichtbar besteht, so dass gewisse Informationen von Mensch zu Mensch ohne irgendwelche Hilfsmittel übertragen werden, und dass über Tausende von Kilometern, wie das nächste Beispiel zeigt.

Seine Mutter lebte seit vielen Jahren in Asien. Als der Sohn hier in der Schweiz am Schuhebinden war, spürte er plötzlich eine Präsenz, die Anwesenheit von jemandem. «Ich wusste, dass meine Mutter neben mir stand. Es war so merkwürdig.» Genau zu diesem Zeitpunkt verstarb die Mutter, wie der Sohn später erfuhr. Zur selben Zeit erlebte auch seine Schwester Merkwürdiges. Plötzlich verhielt sich ihr Hund seltsam. Er schaute auf, blickte herum und sie spürte, dass sie nicht mehr alleine waren. Auch sie dachte sogleich an ihre Mutter.

Vorahnungen hatte auch ein Friedhofgärtner, der schon viele Hunderte Personen bestattet hatte. Nicht immer, aber immer wieder sah er etwa zwei Tage bevor eine Person starb, im Traum einen Sarg. Im Sarg lag jeweils eine ihm unbekannte Person im Leichenhemd. Am Anfang sei das sehr verwirrend gewesen. Mit der Zeit habe er sich aber daran gewöhnt, erzählte er und fuhr fort: «Manchmal erkannte ich die Person im Sarg. Aber dann traf es nicht zu. Dann starb niemand.» So sah er also Leute im Sarg, die noch lange weiterlebten. Alle unbekannten Personen im Sarg waren ältere Menschen, welche er im Traum sah. Starb jemand überraschend durch einen Unfall oder durch einen Suizid, bekam er keine Vorinformationen.

Zwei seltsame Begegnungen konnte auch ich nie vergessen. Ich hatte die Gewohnheit, sehr früh joggen zu gehen. An einem Tag begegnete ich einem Mann mit einem Hund. Wir kannten uns. Er war kurz angebunden, und da ich meine Runden drehen wollte, grüsste ich auch nur kurz. Sein Blick fiel mir auf. Er war irgendwie anders. Wenige Tage später wurde ich von seinen Angehörigen aufgeboten, weil er sich das Leben genommen hatte.

In derselben Zeit spazierte ich mit Freunden durch einen Wald. Am Waldrand stand ein Fahrzeug, und ein junger Mann machte sich im Kofferraum zu schaffen. Als wir vorbeigingen, blickte er kurz auf. Sein Blick fiel mir auf. Irgendetwas schien mir komisch. Ging es ihm nicht gut? Sollte ich ihn ansprechen?

Ich verwarf diesen Gedanken sogleich. Wenige Tage später wurde ich in jene Waldgegend gerufen. Er hatte sich dort in der Nähe das Leben genommen.

Natürlich machte ich mir danach meine Gedanken. Hätte ich reagieren sollen? Hätte ich es verhindern können? Andererseits konnte ich doch nicht bei jeder Begegnung das Schlimmste befürchten. Ich versuche aber seither, wo immer möglich, auf solch erste Regungen zu reagieren. Auch wenn ich am Schreibtisch sitze, kommt mir manchmal plötzlich ein Name in den Sinn. Kann ich es mir einrichten, rufe ich baldmöglichst oder gleich an. Und siehe da, schon oft hiess es: «Sie kommen im rechten Augenblick.»

Am Sterbebett

Ein schwerkranker alter Mann fragte einst eine Pfarrerin: «Was hat das für einen Sinn, dass ich noch hier bin? Ich nütze ja niemandem mehr etwas und falle nur noch zur Last.» Sie antwortete: «Lehren Sie uns sterben!»

Ab und zu werde ich gefragt: «Wie geht denn das: Sterben? Was passiert da?» Wenn ich diese Frage nur beantworten könnte! Sterben ist so individuell und verschieden wie die Menschen einzigartig sind. Es ist ein Weg, der selbst abgeschritten werden muss. Natürlich gehen da meist medizinische Fachleute und Angehörige mit. Trotzdem, den Weg muss man selbst gehen. Es ist wie wenn eine Wandergruppe unterwegs ist. Die Wanderstrecke muss von jedem Teilnehmer allein bewältigt werden, auch wenn man in einer Gruppe mitläuft. Der Unterschied beim Sterben ist der, dass es eine Kreuzung gibt, nach der niemand mehr mitgehen kann.

Als Pfarrer gehört man immer wieder zu solch einer «Wandergruppe», welche einen Menschen auf seiner letzten Wegstrecke begleitet. Das sind meist ganz besondere Augenblicke. Und man erlebt Überraschendes. Sterbende möchte man nicht al-

leine lassen. Die Vorstellung, dass jemand in den letzten Momenten seines Lebens niemanden an der Seite hat, erschreckt.

Wenn man zu spät kommt

Einmal stellten wir ein Team von Leuten zusammen, weil die sterbende Person keine Angehörigen und auch sonst kein Netzwerk hatte. Sie sollte nie alleine sein. Wir machten einen genauen Plan. So kam ich an die Reihe, um einen Kollegen abzulösen. Wir trafen uns vor dem Krankenzimmer. Er erzählte mir, wie es der kranken Person geht. Es schien sich nichts besonders verändert zu haben. Dann betrat ich den Raum. Verstrichen waren kaum fünf Minuten. Sie lebte nicht mehr. Auffallend oft verlassen Menschen diese Welt gerade in jenen Augenblicken, in denen sie alleine sind. Deshalb sollten sich Angehörige keine Vorwürfe machen, wenn sie den Ausgang eines Menschen verpasst haben.

Das war auch bei meiner Mutter so, nachdem wir entschieden hatten, die Apparaturen abzustellen. Es würde schon noch einige Zeit dauern, meinte die Ärztin. Ich verliess die Intensivstation, um meine Geschwister zu informieren. Kaum weilte ich draussen, lief mir die Ärztin hinterher und rief: «Sie ist schon am Gehen.» Als wir das Sterbezimmer betraten, war sie schon gegangen. Es hat wehgetan. Aber ich musste es akzeptieren.

Die tanzende «Tote»

Manchmal wird an Sterbebetten auch Seltsames erlebt. Ich besuchte einige Male eine kranke Frau, deren Lebenstage sich dem Ende zuneigten. Man spürte, dass ihre letzte Stunde nahte. Wieder stand ein Besuch bevor. Als ich klingelte, wurde ich mit den Worten empfangen: «Vor wenigen Minuten ist sie gegangen.» Ich setzte mich ans Bett und blieb einige Momente still. Unvermittelt «sah» ich die Verstorbene über dem Bett mit zwei weiteren Gestalten tanzen. Sie hielten sich an den Händen und drehten sich in Tanzschritten im Kreis, bekleidet mit leichten, langen, weissen Kleidern. Es herrschte eine heitere, glückliche Stimmung. Das überraschte mich. Einige Tage später fragte ich die Angehörigen, ob die Verstorbene gerne getanzt habe. «Ja, sie hat oft getanzt, und es machte ihr Freude!»

Licht gesehen, wo keines war

Sein Vater lag schwerkrank im Spital. Als der Sohn ihn einen Tag bevor er starb besuchte, redete der Vater plötzlich und wies mit dem Finger in eine Ecke: «Licht, Licht!» Der Sohn entgegnete: «Aber das Fenster ist doch auf der anderen Seite.» Der Schwerkranke aber wurde leicht ärgerlich und wies wieder in die andere Ecke und betonte nochmals «Licht, Licht, Licht!» Seine Schwester, die mitgekommen war, fragte: «Möchtest du nicht das neue Pyjama anziehen, das ich dir mitgebracht habe?» Er entgegnete: «Nein. Jetzt lege ich ein Flügelhemd an.» Anderntags starb er.

Die Kinder waren über dieses Erlebnis völlig überrascht, denn zu seinen Lebzeiten tat ihr Vater alles, was mit Religion und Glauben und dem Jenseits zu tun hatte als Humbug ab! «Was der Pfarrer da erzählt, ist alles Quatsch!», soll er jeweils gesagt haben.

Aus Wunden kann Gutes erwachsen

Gespräche an Sterbebetten sind vielfach voller Weisheiten. Nie vergesse ich den Ausspruch einer Sterbenden, die im Leben von einer nahestehenden Person aufs Gemeinste hintergangen worden war. Dabei ging es um viel Geld, welches sie verlor. Aus begüterten Verhältnissen stammend, musste sie fortan sehr bescheiden leben und das Geld gut einteilen. Geld kann Charaktere verändern und jeden Anstand, jedes Mitgefühl und Gerechtigkeitsempfinden abtöten. Dies hat die betreffende Person erlebt. Was sagte sie mir aber, kurz bevor sie die Augen für immer schloss? «Aus Wunden kann Gutes wachsen!» Ich war so

beeindruckt. Ihre letzten Worte wurden seither zu einem Leit-
wort für mich. Sie erinnern mich zudem an ähnliche Worte von
Jesus, als er am Kreuz betete: «Vater, vergib ihnen, denn sie wissen nicht, was sie tun.»

«Bitte, lasst mich sterben!»

Ich begegne auch Menschen, die sich überlegen, mit «Exit» oder
einer ähnlichen Organisation ihr Leben zu beenden. Werde ich
zu einem Gespräch eingeladen und danach gefragt, was ich darüber denke, sage ich: «Reden Sie mit Gott, ob Sie schon kommen dürfen.» Man muss sich bewusst sein, dass nach Untersuchungen in unseren Tagen schon mehr als fünfzig Prozent der
hochbetagten Menschen selbst entscheiden müssen, wann sie
sterben wollen. Die heutige moderne Medizin macht es möglich, dass man zwar sehr krank ist, aber noch lange lebt.

Werde ich nach meiner Meinung in Bezug auf die passive
Sterbehilfe gefragt, erzähle ich gerne die Geschichte eines Kinder-
mädchens, das im Ausland in eine schwierige Familie geraten ist.
Nach einiger Zeit telefoniert die Tochter mit den Eltern und sagt:
«Ich komme wieder heim.» Da werden die Eltern vermutlich antworten. «Halte durch. Das Jahr dauert ja nicht mehr lange.» Nach
einiger Zeit erfolgt wieder ein Anruf. Die Tochter klagt unter Tränen, dass sie es der Madame und dem Monsieur nie recht machen
könne und nur arbeiten und arbeiten müsse. Nochmals ermuti-
gen die Eltern, auszuharren und zu bleiben. Da, nach einiger Zeit
wieder ein Anruf. Am Apparat eine heftig schluchzende Tochter,
die sagt: «Ich kann nicht mehr!» Dann wird die Antwort wohl
sein: «Also, komm heim!» – Sind wir Menschen schon so barmherzig, sollte es Gott nicht noch mehr sein?

Manchmal möchten ältere Menschen sterben, aber sie ge-
trauen sich nicht, Medikamente abzusetzen oder auf Operatio-
nen zu verzichten, weil die Kinder oder der Ehepartner dann
denken könnten, sie würden sie nicht mehr lieben. So sagte mir

ein stämmiger, schwerstkranker Mann: «Ich möchte loslassen. Ich bleibe nur noch wegen meiner Familie.» Umgekehrt reden erwachsene Kinder mit ihren Eltern oft nicht über das Sterben, weil sie befürchten, dass die Eltern dann denken, man möchte sie loshaben.

Verstorbene, die wiederkehren

Vielfältig sind die Vorstellungen über das, was nach dem Sterben geschieht. Für manche ist ein Toter tot. Da bleiben lediglich drei bis fünf Kilogramm Asche, wenn ein Mensch kremiert wird. Wird der Körper im Sarg der Erde übergeben, so denken viele, dass er dann von Würmern gefressen wird. Diese Meinung entspricht nicht den Tatsachen. Der Sarg liegt so tief in der Erde, da gibt es keine Würmer mehr. Der Körper zersetzt sich selbst und wird zu Erde.

Gegen die Überzeugung, dass danach nichts mehr ist, stehen viele Erfahrungen mit Verstorbenen, welche Menschen machen und von denen sie im vertrauten Gespräch erzählen. Manchmal sind es freudige Erlebnisse, manchmal aber auch Angst einflössende. Unvergesslich bleibt mir in diesem Zusammenhang der Besuch bei einer älteren Frau. Ihr Sohn verunfallte mit dem Motorrad. In der Nacht danach erwachte sie. Sie wusste sofort, dass jemand im Zimmer ist. Da «sah» sie ihn. Ihr Sohn stand in der Zimmertür. Er trug jene Kleider, welche er bei der Fahrt mit dem Motorrad getragen hatte. Nur kurz stand er da und verschwand wieder. «Er wollte sich bei mir verabschieden», deutete die Frau diese Erscheinung, die sie sehr getröstet hat.

Ein Mädchen erwachte in der Nacht und erschrak. Es sah seine Grossmutter im schönsten Sonntagskleid auf dem Bettrand sitzen. Die Grossmutter tröstete ihr Enkelkind: «Weine nicht, es geht mir gut.» Als sie dies ihrer Mutter erzählte, meinte diese: «Das war einfach ein schöner Traum!» Das Mädchen aber wusste, wie es mir sagte, dass es das nicht geträumt hatte.

Eine ältere Frau berichtete: «Einmal sah ich das Gesicht meines Mannes aus den Augenwinkeln. Er war neben mir und strich mir über die Wangen. Es war schön.»

«Und wie haben Sie es mit dem Sterben, Herr Pfarrer?»

Das wurde ich auch schon gefragt. Den Gedanken, dass in kürzerer oder längerer Zeit mein Name auf einem Grabstein stehen wird, empfinde ich als seltsam. Es geht mir wohl wie vielen anderen Menschen, trotz der Hoffnung auf ein ewiges Leben.

Ich lebe sehr gerne und liebe meine Familie ausserordentlich. Auch viele andere Menschen bedeuten mir viel. Sie verlassen zu müssen, diese Vorstellung erschreckt mich. Es gibt ja so viel Schönes im Leben auf dieser Erde. Mir ist auch aufgefallen:

Je älter ein Mensch wird, umso kleiner werden die Dinge, an denen er sich riesig freuen kann. Noch einmal das Enkelkind in den Armen halten. Noch einmal eine Wurst essen. Es braucht nichts Grosses zu sein. Es gibt so viele Dinge, für die es sich gegen das Lebensende noch lohnt, weiterzuleben.

Zudem frage ich mich auch, wie der Sterbeprozess sein wird. Ich habe grossen Respekt davor. Jemand sagte mir: «Das Alter ist die Hochschule des Lebens.» Welche Schmerzen und schwierigen Momente wird es durchzustehen geben? Wird mein Glaube bestehen und mich tragen, stärken und trösten? Ich hatte einen wunderbaren Seelsorger. Er hat mir und so vielen anderen viel gegeben. Als es bei ihm ans Sterben ging, da rief er seine Angehörigen ans Bett und bat, dass sie für ihn beten mögen, weil er mit Zweifeln zu kämpfen hatte. Seither weiss ich. Kein noch so starker Glaube ist gefeit davor, dass ihn Zweifel bedrängen können, wenn es dem Ende zugeht. Ich hoffe einfach, dass ich mich dann an dem Zuspruch Gottes festhalten kann, wie er in einem Text des Alten Testamentes zitiert wird: «Und muss ich auch durchs finstere Tal, fürchte ich mich nicht. Du, Gott, bist ja bei mir.»

«Herr Pfarrer, bitte mehr Haargel!»

Nach einem Vortrag über den Umgang mit Schicksalsschlägen, kam eine attraktive Frau auf mich zu. Sie war adrett gekleidet, dezent aber gekonnt geschminkt, hatte kräftige braune Haare, so modern gestylt, als wäre sie eben beim Friseur gewesen. Hätte die Zusammenkunft nicht an einem Seniorentreffen stattgefunden, hätte ich sie vermutlich auf Mitte fünfzig geschätzt. In Wahrheit muss sie wohl um die 70 gewesen sein. Doch ihre äusserst gepflegte Erscheinung machte es mir unmöglich, ihr Alter in etwa abzuschätzen.

Sie erzählte mir vom Leiden ihres Vaters. Er konnte nicht mehr sprechen. Es muss ein Elend und eine schwere Leidenszeit gewesen sein. Sie habe ihm immer wieder Mut gemacht und gesagt: «Mach dir um uns keine Sorgen, wir schaffen das schon.» Auf diese Art wollte sie ihn entlasten, so dass es ihm vielleicht leichter fallen würde, loszulassen und sich zu verabschieden. Anders sei das Sterben ihrer Mutter gewesen, schilderte sie mir. Diese sei so friedlich eingeschlafen.

Plötzlich trat die Dame näher zu mir und meinte: «Ich muss Ihnen noch etwas sagen. Etwas, das man nicht laut sagen darf.» Sie kam noch näher, bis sie ganz dicht neben mir stand. Sie führte ihre Hände zu ihrem Mund, machte daraus einen Trichter und neigte sich zu mir, so dass ihre Hände und mein Ohr sich beinahe berührten. Dann flüsterte sie mir ins Ohr: «Sie sehen lustig aus. Sie haben hinten am Kopf Haare, die aufstehen. Sie sollten mehr Haargel benützen.»

So wie in diesem Gespräch verläuft es recht oft in Gesprächen. Die Menschen fallen selten mit der Tür ins Haus. Meist geht es am Anfang um dieses und jenes, und erst mit der Zeit kommt man zum eigentlichen Thema oder zu dem, wo der Schuh drückt. Hier war das Hauptthema nach einem Vortrag über Schicksalsschläge und wie man damit umgehen kann – Haargel!

Kapitel 13

Die falsche Person bestattet

Die Kinder und die Verstorbenen

Berührend ist es oft, wie Kinder sich auf dem Friedhof verhalten. Fürchten sich Erwachsene vor dem Anblick von Verstorbenen oder vor der Urne im Grab, so gehen die Kinder meist sehr natürlich mit der Situation um.

Einmal, als wir einen Grossvater bestatteten, waren auch seine Enkelkinder anwesend. Sie traten an den Rand des Urnengrabes und schauten interessiert und neugierig hinein. Ich fragte sie: «Habt ihr denn schon einmal eine Urne gesehen?» Hatten sie nicht. «Möchtet ihr sie gerne sehen und euch so von eurem Grossvater verabschieden?» – «Oh ja», antworteten sie erfreut. Ich nahm die Urne aus dem Grab und gab sie ihnen in die Hände. Ich sehe sie noch vor mir, wie sie liebevoll und sachte die Urne in ihren Armen hielten. Was für ein Bild: Ihr Grossvater in ihren Armen. Dazu erklärte ich ihnen: «Wisst ihr, für mich sieht eine Urne aus wie ein Samenkorn. Wenn man ein Samenkorn in die Erde legt und zudeckt, wird daraus eine schöne Blume. So sehe ich das auch mit dem Tod. Wenn wir sterben und begraben werden, ist das ähnlich wie mit dem Samenkorn. Es wird etwas Neues.» Das war für sie ganz natürlich, wie auch die Urne in den Händen zu halten etwas sehr Natürliches war.

Manchmal sind Kinder und Teenager auch sehr unsicher, ob sie sich noch bei einer verstorbenen Person verabschieden wollen. Da ist es eine Hilfe, wenn eine erwachsene Person ihnen genau beschreiben kann, was sie in der Aufbahrungshalle antreffen. So können sie sich ein Bild machen. Auch da habe ich schon sehr oft tief Berührendes erlebt, wie Kinder und Jugendliche

sich von einer geliebten Person verabschiedet haben. So natürlich, mit Gesten und Worten, die einem zu Herzen gingen.

Eine Urne, die nicht erwünscht war

Nicht immer wird eine Urne so liebevoll umsorgt wie die obige,
denn selbst nach dem Tod eines Menschen läuft nicht immer
alles rund, wie folgendes Erlebnis zeigt.

Sie kam als junge Frau in die Schweiz, um hier zu arbeiten.
Mehrere Jahrzehnte lebte sie in unserem Land. Zuletzt auch in
Pfäffikon. Dann starb sie. Angehörige hatte sie keine mehr. In
einem kleinen Kreis von Freunden nahmen wir am Sarg Abschied. Danach sollte sie kremiert und ihre Urne in ihr Heimat-
dorf ins Herkunftsland zurückgeschickt werden, was auch geschah. Doch diese kam postwendend wieder zurück. Es hiess,
der Bürgermeister habe es abgelehnt, die Urne auf dem Friedhof
bestatten zu lassen. Dazu muss man wissen, dass sie in der Zwi-
schenzeit die Konfession gewechselt hatte.

Nun, in jenem Dorf hatten alle Menschen noch ihre ur-
sprüngliche Konfession, und auch auf dem Friedhof wurden
bisher nur Menschen bestattet, welche dieser Glaubensrichtung
angehörten. Die Urne mit der «reformierten» Asche sollte nun
also mitten in diesem konfessionell reinen Friedhof bestattet
werden. Das war nicht im Sinne des Ortsgewaltigen. Vielleicht
spielte auch das Geld eine Rolle, denn wer sollte die Bestat-
tungskosten übernehmen? Wie auch immer: Die Urne wurde an
den Absender zurückgesandt.

Deshalb kamen die Freunde der Verstorbenen wieder auf
mich zu, und wir machten einen neuen Termin ab, um die Urne
hier auf dem Friedhof beizusetzen. Allerdings wählten wir einen
Zeitpunkt, an dem in der Regel keine Beisetzungen durchgeführt wurden. Das hatte zur Folge, dass ich den Termin übersah.

An jenem Morgen klingelte mein Handy. «Wo sind Sie, Herr
Pfarrer? Wir warten schon ein halbe Stunde am Grab auf Sie.»

Können Sie sich vorstellen, wie es mir zumute war? Ich stieg auf mein Fahrrad und radelte so schnell es ging, angekleidet wie ich war, auf den Friedhof. Unvorbereitet grüsste ich die Trauergesellschaft und stand wie ein «begossener Pudel» vor der Handvoll Menschen. War das peinlich! Und nun sollte ich in diese Stimmung hinein unvorbereitet einige trostreiche Worte sagen.

Die meisten der Anwesenden machten keine grosse Geschichte daraus. Doch jemand beschimpfte mich, was ich durchaus verstanden habe. Ohne sich zu verabschieden ging er aufgebracht und wütend davon. Da meinte jemand: «Er hätte sich besser zu Lebzeiten für die Verstorbene eingesetzt, als jetzt, wo sie nicht mehr ist.» Manchmal scheint es einfacher, liebevoll mit Verstorbenen umzugehen als mit Lebenden. Auch ich verliess den Friedhof nicht sehr glücklich. Ich ärgerte mich über mein Missgeschick. Es sollte nicht das letzte sein.

Die falsche Person bestattet

Ein andermal stand ich am selben Nachmittag gleich zweimal hintereinander an einem Grab. Das ist immer eine heikle Situation. Man befasst sich sehr intensiv mit einer Person. Da besteht die Gefahr, dass etwas verwechselt wird. Und das geschah. Nahmen wir in der ersten Bestattungsfeier von einem Hans Müller Abschied, so war es in der zweiten ein Ernst Meier. Nun geschah es, dass ich bei der zweiten Zeremonie den Vornamen verwechselte und ich von einem Hans Meier sprach. Die Frau des Verstorbenen raunte mir über das Grab hinweg zu: «Er heisst Ernst». Sie war sehr verständnisvoll. Auch danach folgte kein böses Wort. Was für eine grossherzige Haltung!

Kapitel 14

Wie ein Missgeschick an Ostern erinnert

Leichenreden – Lügenreden

«Nie sind die Menschen so gut, so hilfsbereit und sympathisch, als wenn sie gestorben sind.» Solchen Aussagen begegnet man hin und wieder.

Um was geht es mir bei einer Abdankungsfeier? Ich erkläre es so: In der Schule schreiben die Schüler Aufsätze. Die Lehrerin streicht mit einem Rotstift die Fehler an, damit sich die Schreibenden verbessern können. Am Ende des Lebens mache ich in der Abdankungsfeier gerade das Gegenteil. Vergleichen wir das Leben mit einem Aufsatz, so wird nicht auf die Fehler, das Versagen und Misslingen der Schwerpunkt gelegt, sondern auf das, was gelungen ist. Allerdings ist es mir ein Anliegen, in jeder Abdankungsfeier auch mit ein, zwei Sätzen auf die Schatten, welche jeder Mensch hinterlässt, hinzuweisen. Aber eine Abdankungsfeier und auch eine Grabrede sind nicht der Ort, um ein Qualifikationsgespräch zu führen.

Ich empfinde es als sehr bereichernd, Einblick in ein Leben bekommen zu dürfen. Jedes Leben kommt mir vor wie ein Weisheitsbuch. Es zeigt so schön, wie mit Hindernissen umgegangen wurde, was wichtig war, welche Entscheidungen getroffen wurden und welche Konsequenzen sie hatten. Aus jedem Leben kann man viel lernen.

Allerdings gibt es hin und wieder Abschiede von Menschen, die schwerste Verletzungen zurücklassen. Ich sehe einen jungen Mann vor mir, der am Grab seiner Mutter stand, voller Wut. In dieser vertraulichen Situation ist es manchmal notwendig, etwas detaillierter und doch sehr feinfühlig auf die Schwierigkeiten und Belastungen hinzuweisen, welche durch die Person entstanden sind, ohne dass ein Verurteilen geschieht.

Ich erinnere mich an das Attentat in Zug vom 27. September 2001. Weil es damals im Kanton Zug noch keine Notfallseelsorge-Organisation gab, wurden ein Kollege und ich dorthin gesandt, um die Polizeikräfte zu unterstützen. 14 Politiker des Zuger Kantonsparlamentes waren erschossen worden. Der Schütze nahm sich selbst das Leben.

Im Abschiedsgottesdienst für die Verstorbenen standen 15 Kerzen. Für jeden erschossenen Politiker eine und die Fünfzehnte für den Mörder. Als die Geistlichen die fünfzehnte Kerze anzünden wollten, gab es in der Kirche einen Proteststurm. Ich verstehe das. Man darf nicht so tun, als wäre mit dem Tod alles ausradiert. Das würde bedeuten, dass es keine Gerechtigkeit gibt. Ich glaube an einen liebenden Gott. Ein liebender Gott ist er aber nach meiner Meinung nur, wenn er auch gerecht ist.

Der vorenthaltene Segen

Am Anfang meiner Tätigkeit als Pfarrer musste ich eine Abdankungsfeier für einen jungen Menschen gestalten. Es war eine sehr traurige und tragische Geschichte. Viele Fragen standen im Raum. Insbesondere auch Fragen Gott gegenüber. Wo war er? Warum hat er einfach zugeschaut? Warum hat er es zugelassen?

Aufgrund dieser Stimmung verzichtete ich am Ende des Gottesdienstes spontan auf den Segen. Meine Überlegung war diese: Wenn man so enttäuscht ist von Gott, wenn er einem so rätselhaft und unverständlich erscheint, dann wünscht man sich bestimmt keinen Segen von ihm. Ich sprach also keinen Segen.

Kurze Zeit nach Ende der Abdankungsfeier, ich war bereits zu Hause, klingelte es an der Tür. Ein aufgeregter Herr stand davor und bat um ein Gespräch. Kaum Platz genommen, fragte er: «Warum haben Sie uns den Segen nicht gegeben? Ich bin

extra von weit her gekommen und hatte auf einen Segen gehofft.
Ich hätte ihn so nötig gehabt.» Es entspann sich ein längeres
Gespräch und ich verstand seine Situation. Seither habe ich den
Segen nie mehr weggelassen. Sich segnen zu lassen, bedeutet
auch Menschen, welche nicht religiös praktizierend sind, oft
sehr viel.

Abschiede von Kindern und Jugendlichen, oder wenn Menschen auf tragische Weise ihr Leben verloren haben, sind besondere Herausforderungen. Was soll man denn da noch sagen?
Eine Hilfe ist mir, dass das Christentum eine Religion ist, welche sich aus einer Katastrophe heraus entwickelt hat. Nicht um-
sonst steht ein Kreuz als Symbol für diesen Glauben. Es ist kein
Glaube, der das Paradies und ein Leben voller Glück verspricht.
Die Hinwendung zum Kreuz im Leid und Schmerz kann inso-
fern eine Hilfe sein, weil man sich einem Gott zuwendet, der
Angst vor dem Tod, Schock und Schrecken, Verlassenheit und
Abschiedsschmerz am eigenen Leib erfahren hat. Ein Vater von
zwei Kleinkindern, dessen Frau verstarb, sagte dazu in einer
Fernsehsendung: «Ich bin so froh, dass ich mit jemandem reden
kann, der mich versteht. Oft muss ich gar nicht ausdrücken, wie
es mir geht, weil er es erfühlen kann.» Viele Menschen erleben
nach ihrem persönlichen «Karfreitag» nach einiger Zeit auch
Ostern, also eine Art Auferstehung. Sie empfangen nach und
nach neue Lebenskraft, neuen Lebensmut, selbst wenn eine
Narbe bleibt, die immer wieder einmal schmerzt.

Eigene Betroffenheit

Wie ich am Anfang des Buches erwähnt habe, stand ich wohl
um die dreihundert Mal auf dem Friedhof. Wenn ich jetzt
manchmal durch die Grabreihen gehe, dann kommen mir viele
Erinnerungen und Geschichten in den Sinn.

Waren es am Anfang meiner Tätigkeit kaum bekannte Personen, an deren Grab ich stand, sind es nach 25 Jahren Pfarramt

im selben Dorf, viele Menschen, zu denen ich auch eine Beziehung habe. Das hilft zwar, Abdankungsgottesdienste persönlich zu gestalten. Gleichzeitig aber geht es mir viel näher als am Anfang meiner Tätigkeit. So kann es vorkommen, dass ich bei der Vorbereitung einer Abdankung auch einmal weinen muss, wenn ich mich mit einem Leben beschäftige. Während der Bestattung am Grab und in der Abdankungsfeier bin ich dann in der Regel gefasst. Eine schwierige Zeit allerdings war die, nach dem Tod meines Vaters im Jahr 2000 und dann sieben Jahre später, als meine Mutter starb. In jener Zeit musste ich in Abdankungsfeiern, die ich zu gestalten hatte, oft das Taschentuch hervornehmen und im Stillen die Tränen abwischen.

Auferstehung erlebt

Sie wissen vielleicht, wenn ein Mensch beigesetzt wird, dass am darauffolgenden Sonntag im Verlaufe des Gottesdienstes sein Name nochmals verlesen wird. Man nennt das in der Kirchensprache Abkündigung. Nach den Angaben wird meist ein tröstender Spruch aus der Bibel zitiert und mit einem ruhigen, kurzen Musikstück Raum für das Gedenken gegeben. Viele Menschen schätzen diesen Brauch und kommen auch tatsächlich deswegen in die Kirche.

Da starb auch Franz Sulser. Er hatte einen Bruder, der in meiner Nachbarschaft wohnte. Dieser hiess aber Werner, Werner Sulser. Wir trafen uns oft zu einem Schwatz und kannten uns gut.

Gestorben war also sein Bruder, der Franz. Nun, aus lauter Gewohnheit erwähnte ich im Gottesdienst, dass wir in der vergangenen Woche Abschied nehmen mussten von Werner Sulser. Ich bemerkte den Fehler nicht. Nach einem tröstenden Wort spielte die Orgel wie üblich. Der Gottesdienst ging zu Ende und niemand kam auf mich zu. Frohgemut verliess ich die Kirche. Wieder ein Gottesdienst geschafft. Das war immer eine Erleichterung. Wir waren gerade beim Mittagessen, als das Telefon klingelte. Ich nahm ab, und eine mir bekannte Stimme sagte in die Leitung: «Ich lebe dann noch!» Es war mein Nachbar. Um Himmels Willen – erst jetzt wurde mir bewusst, dass ich ihn als für verstorben und beerdigt erklärt hatte. Gott sei's gedankt – er trug es mir nicht nach! All' diese Beispiele zeigen, dass eben auch eine Pfarrerperson Mensch ist und Mensch bleibt.

Kapitel 15

450 Mal sagten sie JA

Warum ich mit Freuden Paare traue

Es ist für mich immer ein Erlebnis, wenn ein Paar sich entscheidet, ihr Ja öffentlich vor vielen geladenen Gästen und vor Gott zu bezeugen. Entscheidet sich ein Paar für den Gang in die Kirche, ist das nämlich heute bereits schon ein Bekenntnis. Oft müssen solche Paare sich von anderen solche und ähnliche Fragen gefallen lassen: «Was, ihr geht noch in die Kirche? Wie ist das möglich?» Umso mehr freue ich mich darüber, wenn ein Paar die Begleitung vom Himmel auf seinem Lebensweg wünscht.

Man merkt es im Hochzeitsgottesdienst, dass da manche Menschen in den Bänken sitzen, die schon seit geraumer Zeit keine Kirche mehr von innen gesehen haben und mit den kirchlichen Gepflogenheiten nicht vertraut sind.

Als Ausbildungspfarrer bildete ich immer wieder Vikare aus. Junge Frauen und Männer, welche an der Universität das Theologiestudium absolviert hatten, wurden während eines Jahres durch mich in die Praxis des Pfarramtes eingeführt. Einmal setzte sich ein junger, angehender Pfarrer bei einer Trauung in die hinterste Reihe. Vor ihm sassen junge Männer. Als ich zum Schluss ankündigte, dass ich noch beten werde, meinten sie entsetzt: «Jetzt betet der auch noch!»

Manchmal werde ich auch gefragt: «Macht Ihnen der Gedanke nicht Mühe, dass viele Paare, die vor Ihnen Ja gesagt haben, früher oder später wieder auseinander gehen? Lohnt sich da der ganze Aufwand?»

Natürlich beschäftigt es mich, wenn ich höre, dass sich wieder ein Paar getrennt hat, das sich bei mir trauen liess. Doch das tut meiner Motivation für Trauungen keinen Abbruch. Wenn ich vor einem Paar stehe und sie sich das Ja-Wort geben, freue ich mich riesig. Ich weiss: Sie wollen miteinander alt werden. Das wird mir in den Vorbereitungsgesprächen immer wieder beteuert. Es ist ähnlich wie bei einem Marathonlauf. Man geht ins Rennen mit dem Wunsch, ans Ziel zu kommen. Niemand denkt doch so: Ich versuche einmal einige Kilometer, dann schauen wir weiter. – Ob man allerdings das Ziel erreicht, weiss niemand. Das weiss auch kein Ehepaar. Gerade weil ein gemeinsames Leben ein Wagnis und voller Herausforderungen ist, finde ich Trauungen toll. Es gibt mir die Möglichkeit, für das Paar und für alle Paare in der Kirche zu beten und sie zu segnen.

Allerdings haben die vielen Trennungen Einfluss darauf, wie ich das Trauversprechen formuliere. Damit ein Ja nicht einfach ein blauäugiges Ja ist, füge ich im Trauversprechen den Satzteil ein: «So gut es in deinen Möglichkeiten ist». Denn Scheitern, Versagen, sich irren ist menschlich und gehört zum Menschsein. So sitzen wohl in jeder Trauung Menschen, die auch einmal vorne gestanden sind und einem Mann oder einer Frau das Ja-Wort gegeben haben. In der Fürbitte gegen Ende einer Trauung nehme ich solche Situationen kurz auf, in dem ich darum bete, dass auch dort, wo etwas nicht gelungen ist, neues Glück gefunden werden kann.

Tränen inmitten von Glück, Liebe und Freude
Nach einem ersten Gespräch, in denen man sich kennenlernt und die Vorstellungen für die Trauung bespricht, bekommen die jungen Leute einen Fragebogen mit vielen Fragen. Ich möchte eine Trauung möglichst persönlich gestalten. Dazu aber brauche ich viele Informationen. Es sind Fragen zu Kindheit und Schulzeit, Fragen zu Hobbies und Vorlieben und natürlich auch Fra-

gen zu Wertvorstellungen und vieles andere mehr. Da findet sich zum Beispiel die Frage: Was denkt Ihr, braucht es um glücklich zu sein? Einmal fand sich als Antwort: «Gesundheit». Das machte mich stutzig. Noch nie hatte bis zu jenem Zeitpunkt ein Paar diese Antwort gegeben.

Am nächsten Gespräch nahmen nicht nur das Hochzeitspaar, sondern auch die Trauzeugen teil. Ich machte das Paar auf diese für mich ungewöhnliche Antwort aufmerksam. Da fing die Trauzeugin an zu weinen. Einige Zeit herrschte Stille. Als sie sich wieder etwas gefasst hatte, erzählte sie, dass sie vor noch nicht so langer Zeit einen Hirntumor hatte operieren lassen müssen und man noch nicht wisse, wie es herauskommen werde. Erst jetzt fiel mir auf, dass sie wenig Haare hatte und über der Naht des Einschnittes eine spezielle Mütze trug. Auch während der Hochzeitsfeier blieb die Narbe so gut es ging verdeckt und erinnerte mich an das schmerzvolle Schicksal dieser jungen Frau. Wir blieben einige Jahre in Kontakt, bis sie wegzog. Heute ist sie selbst glücklich verheiratet und es ist alles gut geworden.

In Trauungen wird viel geweint. Wenn die Braut die Kirche betritt, meist begleitet vom Vater, dann werden die Taschentücher gezückt oder besser gesagt, die bereit gelegten Taschentücher von den Bänken genommen. Es gibt kaum eine Trauung mehr, an der nicht solche Tüchlein für die vielen Freudentränen verteilt werden.

Aber in die Freudentränen mischen sich manchmal auch Tränen der Trauer. Eine Trauung bleibt mir dabei unvergesslich. Längst war das Datum bekannt, die Einladungen verschickt und alles vorbereitet. Da erkrankte der Vater der Braut schwer. Man war guter Dinge und ging davon aus, dass es wieder gut werde. Kurz vor der Hochzeit verschlechterte sich sein Zustand und wurde kritisch. Inständig bat er seine Tochter, die Hochzeit auf keinen Fall seinetwegen zu verschieben. Er freue sich ja so sehr für sie. Weil er sehr in sie drang und enttäuscht gewesen wäre, hätte sie die Feier abgesagt, führten wir die Trauung durch. Wir besprachen uns, wie wir vorgehen wollten und entschieden, dass ich bei der Begrüssung die Situation kurz erwähnen und im Eingangsgebet für ihren Vater beten würde. Dann aber wollten wir, wie es sein Wunsch gewesen war, die Trauung so feiern wie geplant. Einen oder zwei Tage nach der Feier tat er seinen letzten Atemzug.

Der Ehekrach und die Hochzeitsfeier

Können Sie sich vorstellen, man hat einen Krach mit seiner Frau und sollte danach eine Trauung zelebrieren? Nun, genauso ist es mir einmal ergangen. Wir hatten uns fürchterlich gestritten. In einer miesen und aufgebrachten Stimmung packte ich meine Rede in meine Mappe und fuhr zur Kirche. Zwar verabschiedete ich mich mit einem knappen, knurrigen Tschüss. Denn durch die Einsätze als Notfallseelsorger werde ich immer daran erinnert, dass jede Minute die letzte sein könnte. Deshalb haben wir uns angewöhnt, auch dann Adieu zu sagen, wenn uns nicht danach zumute ist. Nur ist dann jeweils der Tonfall anders und auch das Abschiedsritual weniger innig oder eben kurz, knapp und förmlich. Aber immerhin.

So zog ich also los, um einem Paar einige gute Worte auf ihren gemeinsamen Lebensweg mitzugeben. Die Freude an ihrem Glück wollte ich ihnen natürlich durch meine mürrische Stimmung keinesfalls verderben. Zugleich ist es in solch einem Moment nicht ganz einfach, sich zu konzentrieren, wirkt doch das, was geschehen ist, nach.

Wie sollte ich also die Feier eröffnen? Ich tat es mit den Worten: «Liebes Brautpaar (eigentlich nenne ich sie jeweils beim Vornamen), geschätzte Hochzeitsgäste. Herzlich willkommen. Es ist mir eine Freude, diese Feier zusammen mit den Musikern für euch gestalten zu können. Ich tue das gerne, auch wenn ich gerade von einem Ehekrach mit meiner Frau herkomme.»

Raus war es. Dieses Bekenntnis war die spezielle Würze für diese Feier. Es wurde wirklich eine tiefsinnige aber auch heitere Trauung. Etwas Besonderes ergab sich nach dem Traugottesdienst. Als ich mich beim Brautpaar und den Gästen persönlich verabschiedete und mich einige in ein Gespräch verwickeln wollten, sagten andere: «Lasst ihn jetzt gehen. Er muss heim, um sich mit seiner Frau zu versöhnen.»

Mir war es zwar noch nicht so ganz nach Versöhnung. Doch wenn eine Traugesellschaft einen schon zu einem solchen Schritt ermutigt, über den man in der Trauansprache selbst gesprochen hat, dann kann man ja nicht anders. Also ging ich heim und erklärte meiner Frau: «Sie haben mich heimgeschickt, um mich zu versöhnen.» Das hat den Bann zwischen uns gebrochen. Erinnere ich mich recht, haben wir die Versöhnung dann abends bei Grill und Wein gefeiert.

Wenn das Gesamtpaket stimmt

In Gesprächen mit Paaren erlebt man viel Lustiges, Überraschendes aber auch Tiefsinniges.

Nur schon wenn man danach fragt, wie sie sich gefunden haben, kommt so viel Heiteres aber auch Kurioses zum Vorschein. Wie oft lachen wir in Gesprächen. Zwei trafen sich im Zug. Sie kannten sich eigentlich nicht. Aber der Kollege von ihr kannte ihn. Sie trafen sich nur, weil sie sich verschlafen hatte. Ihm gefielen ihre langen Haare besonders. Sie fanden sich sympathisch und trafen sich öfters. Dann machten sie einen Test, bei dem sie ausfüllen mussten, was aneinander besonders gefällt. Er erwähnte wieder ihre Haare. Ihr lief es kalt und heiss den Rücken herunter. Denn es waren nicht ihre Haare, sondern künstlich verlängerte Haare. Sie befürchtete, dass er sie verlassen würde, wenn sie ihm die Wahrheit sagte. Dann entdeckte er Schnallen in ihrem Haar und fragte, für was die seien. Jetzt gab es kein Entrinnen mehr. Das Schlimmste befürchtend, sagte sie

ihm, was Sache war. Er meinte nur «Aha». Von Verlassen keine
Spur. Solche Geschichten, wenn es das Paar bewilligt, erzählte
ich jeweils in den Hochzeitsgottesdiensten.

Auch wenn es um den Moment des Heiratsantrages geht,
gibt es spezielle Erfahrungen, die einem berichtet werden. Ein
Bräutigam erzählte:

«Ich hatte extra eine teure Suite gemietet. Meine Braut hielt
sich im Nebenzimmer auf. So konnte ich alles vorbereiten mit
Kerzenlicht, Blumen und was zu einem romantischen Antrag
gehört. Endlich war ich so weit. Ich rief sie ins Zimmer und sie
musste sich auf einen besonders hergerichteten Sessel setzen. Ich
kniete vor ihr nieder und fing meine Rede an. In diesem Moment klopfte es an der Tür. Der Keller stand draussen und fragte:
‹Haben Sie noch einen Wunsch?› – Ich hätte ihn auf den Mond
schiessen können! Doch dann fielen wir uns in die Arme und
lachten herzhaft.»

Auch auf meine Frage, warum sie sich gewählt hätten, hörte
ich manch Lustiges. «Ich habe sie ausgewählt, weil sie so lebens-
freudig, immer guter Laune und kein Stubenhocker ist. Weil sie
sich sehr gerne draussen aufhält, wir gut miteinander reden können und sie ehrlich zu mir ist», erklärte mir ein Bräutigam. Und
wie antwortete die Braut? «Mit ihm habe ich den richtigen Deckel auf meinen Topf gefunden!» Und ergänzte: «Mir gefällt an
ihm, dass er sehr geduldig, liebenswürdig, unkompliziert und
unternehmungslustig ist.»

Deckel auf meinen Topf! Was für ein Bild für eine Ehe. Eine
andere Braut meinte:

«Weil das Gesamtpaket stimmt!» Klug geantwortet finde ich.
Es ist ja bei niemandem alles perfekt.

Kluge und erheiternde Antworten erhalte ich auch, wenn ich
danach frage, was sie denn bräuchten, um glücklich zu sein. Ein
junger Mann meinte: «Der Mensch braucht ein Zuhause und
jemanden, der zuhause wartet, und ab und zu ein feines Stück

Fleisch, um glücklich zu sein.» Ein anderer sagte: «Die traditionellen Werte sind wichtig. Dass man nicht alles wegwirft, was reparierbar ist, egal ob Auto oder Liebe.» Eine Braut erklärte: «Glück hängt nicht davon ab, was einem im Leben wiederfährt, sondern wie man es erträgt.» Eine andere gab zur Antwort: «Einfachheit hilft dem Glücklichsein, denn es ist eine innere Einstellung und daher nur von dem Menschen selbst abhängig.» Auch dieser Satz ist mir hängen geblieben: «Nicht die Glücklichen sind dankbar, sondern die Dankbaren sind glücklich.»

Ich zitiere diese Sätze um zu zeigen, dass man als Pfarrer dauernd in einer Weiterbildung steht. Man hört viele Weisheiten und manche davon begleiten einen weiter und ich versuche, sie selbst zu beherzigen. Natürlich bringen mich die Trauansprachen dazu, die eigene Beziehung zu überdenken. Spasseshalber sagte ich dann manchmal: in der Trausaison hat es meine Frau gut. Da versuche ich selbst das umzusetzen, was ich in den Traugottesdiensten weitergebe.

Als Pfarrer im Amt einer Brautjungfer

Traugottesdienste sind grossartige Feste geworden mit Blumen, Dekorationen, besonderer Musik, Gesangseinlagen und diversen Beiträgen. Da wird gefilmt und fotografiert. Dann gibt es oft auch spezielle Eingangsrituale. Dies war auch an dieser Trauung der Fall. Mehrere Brautjungfern waren zugegen. Sie und auch der Trauzeuge und die Kollegen des Bräutigams hatten eine spezielle Aufgabe. Sie mussten vor dem Bräutigam in die Kirche gehen, wo sie für ihn Spalier standen. Das führte aber dazu, dass nun die Braut alleine mit ihrem Vater vor der Kirche wartete. Ich ging, um nachzuschauen, ob sie zum Einzug bereit wären. Etwas verloren bat mich die Braut: «Peter (ich bin in der Regel mit den Brautleuten per du), könntest du noch schauen, ob das Kleid richtig sitzt?» Ich bin mir zwar schon vieles gewohnt, aber diese Bitte überraschte mich doch. Eine solche Aufgabe wurde

mir noch nicht gestellt. Auf was schaut man denn da, ob es richtig sitzt? Ich wollte ja der jungen Frau auch nicht zu nahe treten. Etwas unsicher umrundete ich sie und schaute das Kleid von allen Seiten an. Ich sah einfach viel weissen Stoff. Ich zupfte behutsam da ein wenig und dort ein wenig und meinte beruhigend: «Doch, doch, es sitzt.» Worauf die Braut sagte: «Aber du stehst auf meinem Kleid!» – Man sollte nie den Pfarrer als Brautjungfer einsetzen. Das kann nur schief gehen.

Zum Schluss ein grosses Danke

Von Zeit zu Zeit organisierten wir mit möglichst allen Gruppen ein Kirchenfest. Rund um die Kirche waren Verpflegungsstände aufgestellt. Es gab viele attraktive Unterhaltungsmöglichkeiten für Kinder und Jugendliche. In der Kirche fanden musikalische Darbietungen statt. Diese Feste zogen immer viele Leute an. Sie gaben jedes Mal einen Motivationsschub für die tägliche Arbeit.

Das letzte Fest, das wenige Monate vor meiner Pensionierung durchgeführt wurde, stand unter dem Motto «Danke». Wir wollten auf diese Weise allen freiwillig Mitarbeitenden danken, die sich so leidenschaftlich für die Kirche einsetzten. Uns lag auch der Dank an jene am Herzen, welche unsere Angebote besuchen und auch den treuen Steuerzahlern galt der Dank, welche vielleicht kaum je in der Kirche zu sehen sind. Ohne ihr Geld wäre vieles nicht möglich. Und natürlich ging der Dank auch nach oben, denn was wäre unsere Arbeit ohne Gottes Segen?

Eine grosse Dankbarkeit empfinde ich auch, während ich diese Zeilen schreibe. Ich danke der Landeskirche und der Kirchgemeinde für den erlebnisreichen und erfüllenden Arbeitsplatz. Wenn ich diese letzten Zeilen tippe, gehen mir viele Menschen durch den Kopf, die mich begleitet, motiviert und für mich gebetet haben. Ich kann nur sagen: vielen Dank. Die Liste würde zu lang, um alle aufzuführen. Unbeschreiblich gross ist meine

Dankbarkeit auch gegenüber meiner Frau und meinen Kindern. Ohne sie wäre nicht möglich gewesen, was geworden ist.

Und nicht zuletzt möchte ich all' jenen danken, welche die Entstehung dieses Buches begleitet und mir hilfreiche Tipps und Ratschläge gegeben haben. Herzlichen Dank auch dem Blaukreuz-Verlag für die Veröffentlichung und die gute Betreuung im Entstehungsprozess.

Ich schliesse mit jener Liedstrophe, welche mich in den neuen Lebensabschnitt begleitet: «Vertraut den neuen Wegen und wandert in die Zeit, Gott will dass ihr ein Segen für diese Erde seid. Der euch in frühen Zeiten das Leben eingehaucht, der wird euch dahin leiten, wo er euch will und braucht.»

Kontaktadresse:
Pfarrer Peter Schulthess
Witzbergstrasse 23
8330 Pfäffikon ZH
Schweiz
www.pfarrer-schulthess.ch

Weitere Bücher von Peter Schulthess:

Hiobsbotschaft

Erfahrungen aus der Notfallseelsorge
3. Auflage 2014, 176 Seiten, broschiert,
978-3-85580-447-4
Aus seiner langjährigen Erfahrung als Notfallseelsorger erzählt Peter Schulthess, was Menschen nach einem Schicksalsschlag durchmachen.

Wie Engel begleiten

Erfahrungen aus biblischer und heutiger Zeit
3. Auflage 2015, 160 Seiten, broschiert,
978-3-85580-469-6
In sensibler und zurückhaltender Art spürt der Autor Engelsspuren nach im Bewusstsein, dass sich Engeln nicht fassen lassen.

Es gibt mehr

Erfahrungen mit einer unsichtbaren Wirklichkeit
1. Auflage 2014, 192 Seiten, broschiert,
978-3-85580-501-3
Es gibt mehr zwischen Himmel und Erde, als wir erklären können. Peter Schulthess hat im Gespräch mit zahlreichen Menschen aus der Schweiz von wundersamen Begebenheiten erfahren.

Alle Bücher sind beim Blaukreuz-Verlag Bern oder in Ihrer Buchhandlung bestellbar.
Blaukreuz-Verlag Bern, Lindenrain 5a, 3012 Bern
verlag@blaueskreuz.ch, www.blaukreuzverlag.ch